リでもっとも有名な日本人」となりました。YouTube再生回数で世界4位を記録したのは、フランス語で歌った「ズンドコ節」でした。

本書の主人公・TOBIさんは、そんなレ・ロマネスクのフロントマン。これまでの人生において、ピンクなときも、さほどピンクでないときも、幾多の「ひどい目」に見舞われてきた運命の人
拳銃を持った凶悪犯と密室に閉じ込められたり、豪華クルーザーで灼熱の大西洋を漂流したり
さえ落としかねない「ひどい目」に遭いながら、ピンチをスルリと抜けてきた、気弱で痩せた
す。

はじめは、大阪梅田のお好み焼き屋で「ハハハ。そりゃひどいスね！」なんて笑って聞いて
です。しかし、その驚くべきクオリティの「ひどい目」フルコースに、すっかりお酒の酔いか
した。お好み焼きも冷めました。そして「これは、伝えなければ」と決意しました。「残さな
という謎の使命感が全身にみなぎりました。

こうして、ウェブサイト「ほぼ日刊イトイ新聞」上に「レ・ロマネスクTOBIのひどい目」全
9話が綴られることになりました。一瞬、読者を戸惑わせたようですが、たちまち人気連載となりました。でも、誰かが「ひどい目」に遭った話で、いったいどんな気持ちになるんだろう？　そう思われるかもしれません。憐れみ？　同情？　他人の不幸は蜜の味……？　そのどれも、ちがいました。読者から届く感想の多くは「生きる勇気が湧いてきた」でした。生きる勇気……。それは、思いもよらない感想でした。

本書は「ほぼ日」に掲載された9つの「ひどい目」に、「そもそもレ・ロマネスクって誰?」に焦点を当てたプロローグと、TOBIさんが「ひどい目」と訣別するくだりを語ったエピローグを加え、まとめたものです。1分以内に読み終わる、ひとくちサイズの「プチひどい目」も、記憶の底から引っ張り出してもらって収録しました。

合計4億を盗んだ大泥棒と知らぬ間に同居していた話や、雄大な北海道の牧場であたたかな牛フンを全身に浴び続けた話で、どうして「生きる勇気が湧いてくる」のか? 実際に読んで、たしかめてください。どうぞ、遠慮しないで笑ってください。そして、あなたも「生きる勇気」をゲットしてください。

ここには、大いなる「人生の肯定」があります。本書は、その半生を「ひどい目」に翻弄されたひとりのミュージシャンが歌う、「人生の賛歌」なのです。

奥野武範(本書の聞き手/ほぼ日刊イトイ新聞)

序章

レ・ロマネスクTOBIの、ピンク色の人生。

パリでいちばん有名な日本人と呼ばれて。

――（頭上の）エッフェル塔「込み」だと、2メートル超えてきそうですね、身長。

TOBI 超えるでしょうね。

――ブーツも、KISSのジーン・シモンズみたいな厚底のタイプを履いてらっしゃいますし。

TOBI グラムロックから影響を受けている、という意味で、KISSの姿勢には共感するところがあります。

――隣に並べたら天国と地獄みたいですよね。でも、グラムのご出身なんですか。

TOBI 出身というわけではないのですが、グラムロックにはオマージュを捧げています。

――一説にグラマラス・ロックの略だとも言われ、ハードロックとパンクロックの間に一瞬だけ咲いた、きらびやかな時代のあだ花。

TOBI いかにも。

――具体的にはT・レックスとかデヴィッド・ボウイ、モット・ザ・フープル、そしてロキシー・ミュージック……などですが、たしかにTOBIさん、シルエットにしたらマーク・ボランみたい。

TOBI でも、ぼくたちのスピリットとしては「ジョン・レノン」なんです。

――どういうことですか?

TOBI （情感たっぷりに）AMOUR ET PAIX.（アムール・エ・ペ）

――……「LOVE & PEACE」と。

TOBI このピンク色の衣装も、そこはかとなく『サージェント・ペパーズ・ロンリー・

ハーツ・クラブ・バンド』にオマージュを捧げています。

――ビートルズの名盤。

TOBI そして、頭の上のエッフェル塔とティアラはQueenとプリンスのために。
Queenとプリンスは、もう名前からしてリスペクトしていますので。

——女王さまと王子さま……。

TOBI さらに、マイケル・ジャクソンとタカラヅカにも大きなインスピレーションを受けていて……あっ、しゃべりすぎてますか？

——いえ、大丈夫です。ちなみにＭＩＹＡさんはあんまり発言なさらないんでしょうか。

TOBI 彼女は「アシスタント」という立ち位置なので、しゃべって「ウィ」か「トレビアン」くらいです。

MIYA ウィ（はい）。

――なるほど。あらためて、ですが、TOBIさんとMIYAさんからなるポップデュオ「レ・ロマネスク」は「パリでいちばん有名な日本人」として、かの有名な「パリコレ」でライブをしたり、パリの映画祭でかの有名な「ジェーン・フォンダさん」とともに公式マスコットを務めたりされています。

TOBI ええ、第8回パリシネマ国際映画祭ではジェーン・フォンダと、パリ市長と、レ・ロマネスクが「広報大使」でした。

――日本でも、NHK教育の小学3年生から6年生までの国語の教育番組『お伝と伝じろう』に出演されていましたね。

TOBI はい。あくまで本業は、歌と踊りですけれど。

――そうなんですよね。自分が、きちんとレ・ロマネスクを認識したのも、おふたりが「フジロック」に出演されていたからですし。

TOBI ありがとうございます。

――ですので本日は、知らない人への導入部分として「いかにしてレ・ロマネスクは生まれたのか、パリで」という部分からおうかがいできればと思っています。

TOBI わかりました。

——パリコレに出……。

TOBI ええ。パリの映画祭のマスコットとなり……。

——はい。

TOBI 「パリでいちばん有名な日本人」と呼ばれるまでの、その道のりについて。

TOBI お答えできる範囲で、精一杯つとめさせていただきます。

飾り立てれば飾り立てるほど、心は裸になっていく。

——それでは、レ・ロマネスクの誕生秘話をさっそく教えてください。

TOBI 実は……。

はい。

TOBI 何となくはじまって何となく続いちゃってるだけなんです。

結成したのは、パリ？

TOBI はい、パリです。まずはぼくたち「別々に行った」んです。MIYAさんはフランス語を勉強しに、ぼくはワーキングホリデーで。

つまり、おふたりとも渡仏の際、まさかこんなことになるとは思ってもいなかったわけですね？

TOBI まったく。

とすれば「何となく」の中にも何かしら「きっかけ」があったと思うんですが。

TOBI 渡仏当初、お金を稼ぐために日本人向けのフリーペーパーの編集部でアルバイトをはじめたんです。そこで三行広告の打ち込みをやってたんですが、ある日「急募」みたいなのが来たんですよ。「急募：歌を歌ってくれる人」「急募：ちょっとステージに立ってくれる人」みたいな。

ははあ。

TOBI 掲載から何日かあと、その広告を載せた人に料金の件で電話したとき、「まだ、応募が一通も来てないんだよね」「はあ」「**あなた、歌えない？**」「はあ？」みたいなやりとりになりまして。

話の展開としておかしくないですか、それ。

TOBI 当然、はじめは「何を言ってるんだろう？」と思いましたけど、そのうちに「でもまあ、記念にいいか」という気持ちになり、最終的には**「思い出づくりに1曲、歌ってみようかな」**と。

つまり、それが、きっかけ？

レ・ロマネスク
Les Romanesques

TOBI ひとりで出るというのもアレなので、知り合いのMIYAさんを誘い、レ・ロマネスクを結成したんです。

――何を歌ったんですか？

TOBI まだ日本にいるとき、「内山田洋とクール・ファイブ」みたいな、ぼくがボーカルで後ろにコーラスの人が何人かくっつくというバンドを組んでまして、5回くらい、ライブをやったことがあったんです。

—— ええ。

TOBI そんなことを思い出しまして、当時、ライブで演奏していたオリジナル曲をフランス語に訳して歌いました。で、そのとき、やっぱりちょっと照れがあり、こんなような格好をして出たんです。

—— じゃ、この男装の麗人&メイド風のスタイルは、初ライブのころからすでに確立されていたと。

TOBI はい、ステージの上で緊張しないようにと、金のカツラを被ったり、派手な洋服を着たりして歌いました。というか、もともと日本での活動も似たような雰囲気でやっていたんです。ここまでの「プロ仕様」ではないですけど。

—— あの、何となくわかる気もするのですが、見た目がこうだと「恥ずかしくなくなる」ものなんですか?

TOBI 恥ずかしくなくなります。

—— 超目立つじゃないですか。なのに、恥ずかしくなくなるんですか。

TOBI 恥ずかしくなくなります。ウソだと思うならやってみてくださいよ。

——そういうもんですか……。いや、こういう格好をしたことないので。

TOBI あ、ないんですか。ないですよ（笑）。パーティグッズの「鼻メガネ」くらいならなくもないですけれど。

TOBI それだけだって、だいぶちがうでしょう？

——……すこし陽気になるかもしれない。

TOBI そうでしょう？ その積み重ねなんです。ぼくたちだって、装飾品がひと品ずつ増えていくとともに……。

——ええ。

TOBI **心は裸になっていったんです。**

——外見を派手に飾り立てれば立てるほど、心は裸に？ ……深いです。

TOBI はじめてのステージは、フランス人向け日本語学校の秋祭りでした。

——あ、じゃあ、さっきの「三行広告」って、その祭りへ出てくれる人を募る広告であったと。

TOBI そうです。フランス人が見よう見まねで書いた「希望」とか「明日」とか「夢」

とかのお習字が貼り出されている前で、歌って踊りました。

――手元の資料によりますと、その記念すべき初ステージが、2000年10月。

TOBI　で、そのステージを見ていた別のフランス人が「うちにも出てくれよ」と。そこからオファーがバーッと来ちゃったまま、何となく、今にいたるんです。

――つまり、「オファーが途切れていない」ので、レ・ロマネスクを続けてきた……と？

TOBI　もうずいぶん長いことやっていますが、感覚的には、それに近いかもしれません。プラス「断り切れない」という気の弱さもあって。「オファーが途切れなく来る」のと「気が弱くて断り切れない」のとで、ここまで。

――その1発目のパフォーマンスが、すごく「いい出来」だったんですかね？

TOBI　ええ。

TOBI　いや、ただものめずらしかっただけでしょう。はじめは出来なんかぜんぜんよくなかったです。オファーをくれた人も「**次は、フランス語でやってくれ**」って言ってましたし。

――フランス語でやってるのに。

TOBI そう。「おもしろかった！　すごいよかったよ！　ただ、次はフランス語でやってね」……まったく通じてなかったんですよ。

――「パリでいちばん有名な日本人」は、かように偶然の重なり合いから生まれたんですね。その点、ＭＩＹＡさん……。

MIYA セ・ラ・ヴィ（人生って、そんなもの）。

TOBI だからいま、はじめのころのことを思うと、本当に、無茶苦茶でした。言葉もできない、友だちいない……。

――いろいろご苦労もなさったでしょう。

TOBI そうですねえ、それなりには。強盗にピストル向けられたりとか。（本書「第一章」を参照）

――えぇっ!?

TOBI ふたり組の銀行強盗と3人きりで、エマージェンシー的なシャッターを閉められちゃったことがあって。

――よ、よくぞご無事で。

TOBI のちほど詳しく語ることになると思うので詳細は省きますが、最後、犯人たちは闇雲に2発ぶっ放して逃げて行きました。

――そんな経験をされたからステージ度胸もついたってとこあります？

TOBI いやいや、それどころじゃないから。

――ですよね……。

『信じられない才能』という番組で、ものすごいブーイングを食らった。

――では、レ・ロマネスクが一躍パリのスターダムに登りつめた夜のことをおうかがいしても、よろしいでしょうか。

TOBI イギリスに、かのスーザン・ボイルだとかすごい素人を発掘する番組があるんですが……。

TOBI ―― 『ブリテンズ・ゴット・タレント』ですね。

その番組のフランス版に出場したんです。『La France a un incroyable talent !』(信じられない才能)というんですが。

TOBI ―― 手元の資料によれば、そのとき歌ったのがフランス語に訳した「ズンドコ節」。

ええ、「Zoun-Doko Bushi」と表記して、ときどきライブでもやっていたんですが、あのとき、300人くらいのオーディエンスの前でパフォーマンスしたら、もう**「290人」くらいからものすごいブーイングを食らったんです。**

TOBI ―― うわー……。

テレビでは放映できないような、ひどい罵詈雑言を浴びせかけられました。

TOBI ―― テレビ放映にもかかわらず。

でも、はじめのうちはしばらく気付かなかったんです。罵倒されてるってことに。

TOBI ―― フランス語だから?

いや、そのときぼくら、歌ったり踊ったりとか、やることがいっぱいあったんですよ。

TOBI　バタバタしていたと（笑）。ライブ中ですもんね。むしろ「うわ、すごい盛り上がってる！」とかんちがいしていたくらいです。でも、曲の間奏のときに、チラッと**「死ね！」**みたいな単語が……。

――どうしてそこまで。

TOBI　ただ、1番・2番と曲が進んでいくにつれて、応援してくれる人も増えていきました。最終的には半々くらいといいますか、賛否両論的な雰囲気にまで持ち直して終わったんです。

――YouTubeに残されている映像を見ると、司会の人もいっしょに踊ってますけど。

TOBI　番組スタッフは、もともと、ぼくらのことを知ってくれてましたから。彼らの間では「絶対ウケるだろう」みたいな空気があって、はじめから「優勝候補扱い」だったんです。1ヵ月くらい前から、ゴールデンタイムで「こんどは、この人たちが出ます！」みたいな宣伝を流してくれたりとかして。

――それなのに、まさかのブーイング。

TOBI　ひとつには……。

――ええ。

TOBI ぼくらの直前に出たのが「象使いの少年」だったんですよ、6歳の。

——はははあ。

TOBI 純粋そうな6歳の子どもが、やさしげな目をした象の足を「パン！」とか叩くと、前足を上げたりするんです。それが、ちょっと感動しちゃう系だった

んです。

—— 会場全体がハートウォーミングな雰囲気に包まれていた、と……MIYAさん？

MIYA ウィ、ムッシュー（そのとおりです、ムッシュ）。

TOBI その直後、司会の人が「続いての『信じられない才能』は……みなさん、目を閉じてください！」とか言って、かなり会場を煽ったんです。そして数秒のち、会場のみんなが目を開けてみたら、さっきまでの象使いの少年の純粋さと比べてあまりにも、こう……。

—— わかります。

TOBI 荒みきったような、まがまがしいピンクの塊がふたつ、そこに立っていたんです。

—— たったいま流した涙を返せよ、と。

TOBI そもそもですけど、その『信じられない才能』という番組は「素人発掘番組」なんです。

—— ええ。

TOBI 携帯電話の会社の営業をやっていた地味でしがないサラリーマンがオペラを歌ったら素晴らしい歌声だった……みたいな。

―― イメージと才能の落差に、みんな感動して泣くんですもんね。

TOBI その点ぼくたちは「**着替えて出て来てますよね？**」という時点で……。

―― 「素人」には見えづらかった。

TOBI そうなんです。

―― ちなみにお客さんは、どういう人たち？

TOBI 中高生とか、若い子たちです。それと、出演者の親御さんとか。

―― なるほど、ＰＴＡ的なみなさんたちからは眉をひそめられそうですし。

TOBI いや、意外にそうでもなくて、それより「反抗期」に弱いんです、ぼくら。

―― あ、ああー……。

TOBI 小学生くらいまでの子どもたちにはウケがいいんですけど、思春期というか……反抗期を迎えてくると、とたんにみんな「**ケッ！**」みたいになってしまうんです。

―― 何かと冷めてるお年ごろですもんね。

TOBI 人の成長過程において見向きもされないという時期があるんです、ぼくら。

でも、ハタチを過ぎたあたりから「あ、この人たち、本気なんだ!」と思って、また戻ってきてくれるんです。

—— 自分たちも苦労しはじめますからね。社会の荒波に揉まれたりして。

TOBI そうそう。「あの人たちも、がんばってるんだな。あんなピンクの格好までして」とか。

—— ともあれ、そのようすが大きな話題となって、オンエア後にYouTubeにアップされた番組の公式動画にものすごい数のビューが集中したんですよね。

TOBI 一晩で再生回数が何十万回とかになって、それにともないコメント欄が荒れはじめ、その動画自体、削除されてしまいました。再生回数のランキングでは、フランスで1位、世界で4位になりました。

—— それが、一晩でスターダムに登りつめたレ・ロマネスクのシンデレラ・ストーリー。今や、Eテレ(NHK教育)の小学生向け国語の番組にも出演されてますもんね。

TOBI いや……あの、ぼくのおじいちゃんがね。

—— TOBIさんのおじいさまが、はい。

TOBI **「この恥さらし」と言って死んだんです。**

ベネズエラの高校生が

――なっ……なるほど。

TOBI 実話ですよ。最後のセリフがそれだったんです。だから、そういう意味でも、NHKに出られてよかったなと思ってます。天国でよろこんでくれてたらいいなと。

――NHKだし、絶対よろこんでますよ！ それも、子どもたちの国語教育の番組ですし、よろこぶどころか草葉の陰でスタンディングオベーションしてると思う。

TOBI だといいんですけどね。

――しかも『お伝と伝じろう』って「文部科学省監修」じゃないですか。

TOBI はい、監修されています。文部科学省によって。

――だからきっとおじいさまも天国で鼻高々だと思います。

TOBI だと、いいんですけどね。

フランス語で「YOKOZUNA」を歌う。

TOBI　（これまでの歴史をざっと話し終わり、少々アンニュイな気分のなかで）この服、ぜんぜん吸わないんですよ……汗。

——テカテカしてますもんね、素材が。

TOBI　**夏場は、ほとんど命がけになります。**

——フジロックに出たときなんて大変だったんじゃないですか。

TOBI　冗談ぬきで死ぬかと思いました。ロックの人たちって基本Tシャツにジーパンじゃないですか。

——たいがい「綿」ですよね。

TOBI　出てみてわかったんですがあれ、やっぱり「汗吸うから」ですよ。みんな「汗吸う」ことを第一に考えてる。

――それに引きかえレ・ロマネスクのお召し物は……。

TOBI　汗吸わないし、風も通さない。肌によくないという以前にもう、生き物にとってよくないです。

――でも、世界的に有名な「パリコレ」でライブをやったというと「すごいなあ」とは思うんですが、やっぱり日本人としては「フジロックに出た！」と聞いたときのほうがインパクトありました。

TOBI　身近なビッグイベントですものね。何せ、レディオヘッドとかストーン・ローゼズとかオアシスとかレッチリとか出てる場所ですし。

――ケミカル・ブラザーズが「並び」でした。

TOBI　ですから、こうやってお話ししていると、いい意味でスッカリ忘れてしまうのですが、おふたりって「ステージの上の人」なんですよね。

TOBI　これまで、**世界10カ国・30都市**（※インタビュー当時）でライブ・パフォーマンスを行っています。

――フランス、日本以外にもドイツ、ベルギー、スイス、アメリカ……。でもやっぱり、パリが「ホーム」ですか？

TOBI　まあ、いちばん演ってるという意味では。ただ「芸術の都」とか言うだけあって、ライブハウスの照明係とかも勝手にライト消したりするんですよ。

――え？

TOBI　いや、「いいと思った」とかって言って。

――いいと思った？

TOBI　そう、ぼくらが歌ってるとき「いま顔を照らしてほしい」というところでパッとライト消したりするんです。「いいと思った」とかって言って。

――それはつまり、「自分のアート表現」として？

TOBI　そう。だから、ライブ前にきつく言っておくんです。**「絶対に顔を照らし続けてくれ」**と。

――クギを刺しとくわけですね。

TOBI　そう。「君のアート表現はきちんと顔を照らした上でやってくれ」と。

――いろいろなご経験をなさってるんですね。

TOBI　豚の丸焼きの前で歌ったこともあります。なんか、フランスの片田舎の村祭りで。

――豊穣祭みたいな？

TOBI そうそう、「大きなカボチャがとれたよ！」みたいな、「豚を丸焼きにして食べようよ！」みたいな、そういう祭りに呼ばれて歌ったんです。

――風光明媚なフランスの田園風景に、どぎついピンクの塊がふたつ……。

TOBI 完全なるミスキャストで、見てくれた農夫の人たちにも、何か悪くて。みんな、キョトーンとしてました。

――村の青年団みたいな人が呼んだんですかね？

TOBI ええ、その村出身の若者でした。今、パリでこれが流行ってるっていうのを、

村人に見せてあげたかったんだそうです。

――思いもかけないオファーがあるもんですね。

TOBI そうそう、思いもかけないといえば、ＹｏｕＴｕｂｅでＰＶの映像を配信してるんですが、「どの地域でよく見られているか」というようなデータがわかるんです。

—— へぇ。

TOBI で、いっとき「**ベネズエラ**」ですごく見られていた時期があったんです。

—— ベネズエラというと、南米のほうの？

TOBI ええ。

—— 何か心当たりは……。

TOBI ないです。ベネズエラに心当たりなんて。まず、行ったことないですし。知人もいない。

—— 不思議ですね。

TOBI 何でも、とある高校のクラスの誰かが「なんか、オモロイ動画見つけたぜ！」とかって言ってワーッとみんなで一斉に観たらしいんです。

—— へぇー……。

TOBI そのYouTube動画は「YOKOZUNA」という曲のクリップでした。で、その高校生たち、あまりに「YOKOZUNA」が好きになりすぎて、卒業式で歌って踊ったらしいんです。

TOBI　え、すごい。

どうして、そのことがわかったかというと、問い合わせが来たんです。「卒業式で『YOKOZUNA』を踊りたいから、iTunesで販売してくれ」と。

――つまり、レ・ロマネスクのiTunes配信スタートはベネズエラの高校生に頼まれたから……。

TOBI　それまで、ベネズエラと聞いたところで「は？　どこだっけ？」でしたし、ベネズエラの高校生がぼくたちの人生に関係してくるなんて思ってもみませんでした。

――そうでしょうね。

TOBI　でも、レ・ロマネスクの「YOKOZUNA」という曲を南米ベネズエラの高校生がおもしろがって、彼らの卒業式で歌って踊ってくれることになったんです。

――さらには、iTunesで楽曲を販売するきっかけにもなったと。その点、MIYAさん……？

MIYA　トレビアン（素晴らしいことね）。

TOBI　そんなことって、今まであったでしょうか。

――ライブをやって、CDを売ってるだけの時代だったら……ありえないですよね。

TOBI YouTubeをきっかけにして、世界の、思いもかけない人たちとつながれたこと。そのことに、すごく感動したんです。

――パリでいちばん有名な日本人の「YOKOZUNA」という曲を、ベネズエラの高校生が、フランス語で歌って踊る。

TOBI すごいことだと思いました。そのこと自体はちいさなことかもしれないけど、ぼくたちにとっては、本当に感動的だったんです。

――何というか、地球はひとつですね。

TOBI 今も、世界のぜんぜん知らないところで、ぼくらの歌を歌って踊ってくれているかもしれない。そのことが、とても愉快だなあと思います。

――本日、レ・ロマネスクさんのお話を聞いて、「ああ、人の人生っておもしろいなあ」ということを、今あらためて感じています。

TOBI すっかりピンク色の人生ですけど。

――そして「自分ももっと冒険しないとな！」という勇気も得ました。

TOBI そう言ってもらえると、次からまたがんばれます。

――今からでは、レ・ロマネスクさんほどにはピンク色になれないでしょうけど……。

TOBI　いやいや、まだまだなれますよ。

――　そうですかね？　本気でなろうとすれば？

TOBI　何色にだってなれるし、どんなことだってやれると思いますよ。だって難しいこと何にもやってないですもん、ぼくたち。

※このインタビューは２０１１年の帰国後ほどなくして行われました。

ひどい目

その一

武装した銀行強盗の一味と
密室に閉じ込められ、
二丁の拳銃を突きつけられた件。

パッ
パッ
パッ
パッ
パッ
パッ

パリの午後、二丁の拳銃。

――TOBIさん、こんにちは。

TOBI ボンジューフガッ（摩擦音）。

――先日、大阪のお好み焼き店で、これまでTOBIさんが経験してきた「ひどい目」について、おうかがいしたわけですが。深夜の1時すぎまで。

TOBI ついしゃべりすぎました。

――その、次々披露される「ひどい目」の質と量に圧倒され、これは時間と場所をあらためて取材し、全世界の人々に届けなければと決意しました。

TOBI 何の役にも立たないと思いますが……。

――今日はその第一弾として「武装した銀行強盗の一味と密室に閉じ込められ、拳銃を突きつけられた件」について、おうかがいできればと思います。

TOBI 承知いたしました。ではまず、重要な前フリとして「**パリではスリに、くれぐ**

れもご用心♡」という話からはじめたいのですが。

すべて、おまかせいたします。

TOBI　ありがとうございます。では、はじめましょう。
ご存知のように、パリというのは観光地ですから、それも人気の観光地ですから、ものすごい数の観光客が押し寄せて来るんです。当然、日本からも、たくさん。ゴールデンウィークや盆・暮・正月などには、知り合いが5人ぐらい来るんですよ。1日に。

そんなにですか。

TOBI　知り合いというのは便利な言葉で、たいして知らないケースも多々あります。ひどい場合には「親の同級生の甥っ子の上司の次女です」みたいな、完全なる赤の他人が来たりもします。

パリのTOBIさんを頼って。

TOBI　そう、他に誰もいないとか言って。で、そうなると「観光案内」するわけですが、1日に5組くらい案内していると、だいたい1組はスリかひったくりにやられる。「他人1」をモンマルトルへ連れていき、「他人2」をオペラ座へ連れていき、「他人3」をルーブルへ連れていき、「他人4」をエッフェル塔へ、「他人5」を、もうどこでもいいけど、凱旋門だかどこかへ連れていってるころには、「他人1」がスリにやられているんです。

—— まあ、必ずそうなるかはともかく、旅行者はそれほど注意したほうがいい……と。

TOBI 防衛策としましては、まず「大事なものをやたらと持ち歩かない」というのは基本ですけど、ぼくは、もっといい方法を知っています。

—— ぜひ、教えてください。

TOBI ぼくは「**必要以上にキョロキョロする**」と言うか、「**どことなく挙動不審なやつに見せる**」のがいいと思う。

—— それは……なぜでしょうか。

TOBI ようするに、そうすることで「逆に、スリのように見せる」くらいが、最大の防衛策ではないかな。

—— つまり「同業」を装う、と。

TOBI パリのスリに、「ああ、あの人もスリかな。挙動不審だもんな」くらいに思ってもらえたら、こっちのもの。

—— 旅が楽しくなくなりそうですね……。

ひどい目 その一

武装した銀行強盗の一味と
密室に閉じ込められ、
二丁の拳銃を
突きつけられた件。

TOBI まあ、それだけ用心してほしいという願いを込めてね。ただ、これだけ言っといてなんですが、安心してほしいのは、パリでは通常、拳銃で脅されたりなんかしないんです。

—— でしょうね。

TOBI スリとかひったくりは多いけど、拳銃はない。

—— みんなの憧れ「花の都パリ」ですものね。でも、そんなパリの街でTOBIさんは「武装した銀行強盗の一味と密室に閉じ込められ、拳銃を突きつけられた」ご経験がある、と。

TOBI そう……あれは、パリへ来て7日目の、よく晴れた日のこと。ぼくは、語学学校の1階に入っている銀行で、知人と待ち合わせをしていたんです。

—— TOBIさんは、ワーキングホリデーで渡仏し、新聞の三行広告の打ち込み作業などさまざまなアルバイトを経験した末に、パリでレ・ロマネスクを結成するわけですが、「7日目」ということは、まだ「右も左もサッパリ」な時期ですね。

TOBI そうです。ですから、自宅からその語学学校へ行くのにも距離感がつかめず、30分も早く到着してしまったんです。そこで、約束の時間になるまで銀行脇の

―― 階段に座り、日向ぼっこしながら読書をすることにしました。陽光のもと、パリの街の片隅に座って読書。素敵なシーンです。何を読んでいたんですか。ランボオですか。

TOBI 当時、まったくフランス語ができなかったので『はじめてのフランス語会話表現』という入門的な本を「音読」していました。トレ・ビアン、マダーム、アン・キャフェ、スィル・ヴ・プレ……。のんびりした時間が、過ぎていきました。あたりに客は誰一人おらず、銀行窓口のおばちゃんと、ぼくだけ。

―― アンニュイなムードのなか、『はじめてのフランス語会話表現』に出てくる基本単語や例文を音読されていた……。

TOBI そのとき、でした。昼下がりの穏やかな空気を切り裂くように、「**パ！**」という破裂音、金属と金属がぶつかるような音がしたんです。ぼくは、瞬間的に「なんだろう？」と思い、その音がしたほうへ、つまり銀行のロビーへようすを見にいきました。

―― ……ええ。

TOBI すると、とつぜん、「ウィーーーーーン」という音を立てて、窓口のシャッターが閉まりはじめたんです。

ひどい目 その一

武装した銀行強盗の一味と密室に閉じ込められ、二丁の拳銃を突きつけられた件。

—— おばちゃんが座っていた、銀行窓口の。

TOBI ぼくは「あ、窓口が閉まってる」と思いました。おばちゃんは、シャッターの向こうへ消えていきました。そして、その閉まりかけのシャッターを、あちら側から、誰かがガンガン蹴ってるんです。事態を把握しかねているうちに、背後の「入口のシャッター」まで閉まりはじめた。

—— つまり、ＴＯＢＩさんを挟んで前後のシャッターが、みるみる閉まっていったと。いわゆる「密室状態」ですね。

TOBI 次の瞬間です。ほぼ完全に閉まりかけようとしている銀行窓口のシャッターの向こう側から、ふたりの男性が、いなずまのように飛び出してきたんです。

—— おお。

TOBI 彼らは、ものすごく緊迫したようすでした。瞬間的にぼくは「被害者だ」と思いました。ガンガン蹴っ飛ばされているシャッターの向こう側から、あまりに差し迫った面持ちで飛び出してきたので。

—— ええ、ええ。

TOBI 彼らは、ぼくに向かって何ごとかを叫びました。「助けてくれ！」みたいなことかなと思いましたが、ぼくには、まったく理解できませんでした。

何せ、さっきまで『はじめてのフランス語会話表現』を音読していた人ですものね。

TOBI　いまから思うとおかしいのですが、ぼくがそのとき感じたのは「**がっかり感**」でした。ぼくは、彼らのフランス語を、何ひとつ聞き取ることができなかった。もしかしたら、ものすごく困っているかもしれない人の言葉を理解してあげることが、できなかった……。そのことが、ショックだったのかもしれません。

ご自身の語学力に……あらためてヘコんだ。

TOBI　そう、「ああ、だめだ。こんなにも『はじめてのフランス語会話表現』を音読してるのに、ぜんぜんわからないじゃないか」と。すると、目の前の男性のうちのひとりが、ぼくに向かって、もう一度同じようなことを叫んだんです。

ええ。

TOBI　ぼくは、とっさに手元の『はじめてのフランス語会話表現』に書いてあった「わたしはフランス語が話せません」という例文を、そのまま棒読みしました。つまり「**ジュ・ヌ・パルル・パ・フランセ**」と。

ジュ・ヌ・パルル・パ・フランセ。

TOBI　そうです、ジュ・ヌ・パルル・パ・フランセ。ぼくは二度、そう繰り返しました。すると、彼らは明らかに苛立ったようすで、みたび、大きな声で叫んだんです。何かを質問されたことはわかったのですが、やはり理解はできませんでした。

——はい。

TOBI だからぼくは、少しでもわかりたいと思い、じれているような、怒ったような口調で叫ぶ男性の口元をじっと見つめながら、「言ってることがわかりません」という意志をどうにか伝えようと、耳の後ろに手を当てたんです。

——「はい？」みたいなジェスチャーをした？

TOBI そう。たぶん「あなたの言葉が聞き取れませんでした」ということを、過剰にアピールしようとしたんでしょう。耳に手を当てて「はい？」というように、気持ち、身体をかしげたんです。

——ええ。

TOBI そしたら……視界の隅に。

——はい。

TOBI 見えた。

——何が。

TOBI 右がメタリック・シルバーで、左が黒。**二丁の拳銃が、まっすぐ、ぼくの土手っ腹に向けられていたんです。**

犯人逃走↓発砲↓救出作戦↓帰宅。

――パリ生活7日目、密室で拳銃の銃口を向けらてしまったＴＯＢＩさん。

TOBI はい、それも二丁。

――そのとき……どういう気持ちでしたか。

TOBI 不思議なことに、怖くなかったんです。ぼくのおなかに向けられているのは、たしかに「拳銃」というものなんだけど、その「使用目的」にまで頭が回らなかったといいますか。

——……どういうことですか。

TOBI うーん……なんて言ったらいいんでしょう。まず、拳銃を見たのがはじめてだったのと、あとは目の前の人のフランス語を聞き取れないことがショックで、脳のすごく浅いところで「はいはい拳銃ですね」と認識しただけで「終了」しちゃったというか。

——ものすごい勢いで意味不明の言語を浴びせかけられている状況が「拳銃」の意味を薄れさせた……？

TOBI そう、とにかく焦っていたんですよ。日本でも、英語がしゃべれないのに、道ばたで外国人に「**フジヤマ、ドッチデスカー**」と聞かれたら焦るじゃないですか。

——たしかに。ただ、いまのは日本語ですけどね。

TOBI ようするに「いま、自分は危険である」ということをサッパリ理解していなかったんです。

——どうやって切り抜けたんですか。その状況。

TOBI 怒れる男ふたり組が、ぼくに銃口を向けたまま意味不明な言葉を叫び、ぼくが「ジュ・ヌ・パルル・パ・フランセ」と応える。その不毛なやりとりを何度か繰り返していると、通用口がバッと開き、ものすごい形相をした屈強な黒人の警備員が、両腕をガーッと高く掲げて「**ウェーーーオゥゥ！**」と恐ろしい声を出しながら、こっちへ走って来たんです。

―― エリマキトカゲみたい……。

TOBI そうそう、まさしく。通用口から、黒いエリマキトカゲが、いわばエリマキを全開にした威嚇の状態で、ワーッとぼくらのほうへ走って来たんです。

―― そしたら？

TOBI その異形に、さしもの強盗団も驚いたのか、いきなりバーッと駆け出して建物の中庭へと抜け、裏手のほうへ逃げていったんです。
やつらが中庭へ抜けるときに、再び「パ！　パ！　パ！」と、乾いた音が聞こえました。

―― それってつまり、銃声？

TOBI そう、映画とか漫画に出てくる「ズキューン」みたいな銃声とはぜんぜん違う、軽くて短い音でした。「ン」がなくて「パ！　パ！　パ！」というような。

―― じゃあ、初歩的なフランス語を音読中のＴＯＢＩさんが聞いた「パ！」という破裂音も……。

TOBI 銃声だったんでしょう、いま思えば。さらに火花が散ったのも見えました。銃弾が植木に当たったんです。

—— こわい！

TOBI 逃げていったふたりの強盗団を追って、黒いエリマキトカゲもエリマキを全開にしたまま、ぼくの目の前を通り抜けていきました。突然静かになったロビーには、どこからともなく、火薬のにおいが漂ってきました。

—— そして、誰もいなくなった。

TOBI その間ぼくは、ほとんど呆然としていたと思うんですが、ひとりぼっちになってはじめて、とてつもない恐怖が襲ってきたんです。銃声の記憶、火薬のにおい、白煙……拳銃の「使用目的」に、ようやく思いを致したというか。

—— 怖かったでしょう。

TOBI それは、もう。全身に震えが来ました。感覚的には、かなり長い間その場にひとりで取り残されていた感じなのですが、それは、もしかしたら「2秒」くらいだったかもしれない。

——ようするに、記憶が断片的。

TOBI　そう、でも、だんだん「いま、ぼくの目の前で起きたことを誰かに言っとかないと、なかったことにされちゃうんじゃないか？」という、よくわからない焦りを感じてきて。

——へえ、何でですかね？

TOBI　わからないです。同時に、銀行窓口のおばちゃんのことが、ものすごく気になりはじめました。もしかしたら、その……殺されてるとか……、このシャッターの向こうで大変なことになっていたら、どうしようと。

だんだん、まわりが見えてきたんですね。

——でもね、何か声をかけようにも……。

TOBI　しゃべれませんもんね。気の利いたフランス語。

TOBI　そう、その時点では「ジュ・ヌ・パルル・パ・フランセ」だけしか。大変な状況の人に「わたしはフランス語が話せません」「わたしはフランス語が話せません」と繰り返し声をかけてもね。

——迷惑なだけです。

TOBI といって、頼みの綱の『はじめてのフランス語会話表現』には**「銀行強盗に遭遇したときの、とっさの一言」**が載ってなくて。

―― そうでしょう、それは。

TOBI そうした不安感は、そのうちに「ぼくが犯人に間違われたらどうしよう」という心配に変わっていきました。警察に詰め寄られたりしても「私は目撃者で、犯人ではありません」という意味のことを、フランス語で表現するのは無理だ……と。

―― たしかに……。

TOBI ですので、誰にも何にも言わずに立ち去ることもできず、かといって、電話で通報とかレベル高すぎですから、むやみにウロウロしたり、階段を上がったり下りたりして……。

―― いかにも怪しい感じに。はからずも。

TOBI でも、そんなことをしていたら、浪人生みたいなチェックのシャツを着て、下はジーパンにスニーカー、背中にはリュックサックを背負った「屈強な男」が20人くらい、集団で……。

―― は？

TOBI　ようするに、警察が変装して来たんです。ほら、銀行の2階が語学学校だから、そこの生徒に化けたつもりなんでしょうけど、おっさんはいるわ、ムキムキの人はいるわ、みんな同じ格好してるわ、「フランス語の語学学校に通う生徒」という設定なのにフランス語ペラペラだわで。おしりにはトランシーバーがさってるし、不自然に盛り上がった胸のあたりには物騒なものを隠し持っているようすだし……。

――　バレバレですね。

TOBI　20人の屈強な男たちは、いかにも授業に遅刻してきましたみたいなサル芝居で入ってきて、さり気なくシャッターをガラガラと開け、窓口のおばちゃんを救出していました。

――　TOBIさんに対して、取り調べとかも……？

TOBI　いや、ぼくは、その警官たちを見て、とっさに階段の後ろに隠れちゃったんです。

――　なんでまた、そんな怪しまれそうな行動を。

TOBI　ええ、思い返すと本当に怪しいんですが、なぜかそのとき、隠れてしまった。何か聞かれても説明できないことが、何しろ不安だったんだと思うんです。

――なるほど……わかるような気もします。

TOBI　で、隠れたら隠れたで、いま出ていったら強盗の一味だと勘違いされて撃たれるんじゃないかと思って、今度は、出ていけなくなっちゃって。

――蜂の巣にされるかもしれない、と。

TOBI　だから、息を潜めて階段の後ろに隠れていたら、よくわからないけど「ひとり、目撃者がいたらしいぞ」的な雰囲気になってきたんです。正直、もうダメかと思いました。見つかって警察に撃ち殺される、やつらの共犯と間違えられて蜂の巣だ……と。

――何ひとつ悪いことしてないのに……。

TOBI　そう。

――意思を伝えることができない状況とは、人を、こんなにも動転させるんですね。

TOBI　そのとき、でした。語学学校の終業のベルが鳴ったんです。間を置かずして、何も知らない学生たちが一斉に、ブワーッと階段を下りてきたんです。

――TOBIさんの潜んでいた、その階段を？

TOBI　そう、アジア人の学生も、たくさんいました。そこでぼくは、その人波にまぎれて「ええ、ハイ、語学学校の生徒ですけど何か？」という顔をして、現場を去ったんです。

――そして？

TOBI　そのまま、帰宅しました。

――え、家に帰っちゃったんですか？　そのあとは？　そのあとの、警察関係からの接触とかは？

TOBI　何にもないです、別に。防犯カメラがあったら映ってたでしょうし、窓口のおばちゃんもぼくの顔を見ていたでしょうけど、まあ、実害はなかったんで、事件としては終わりになったんですかね。そのへんは、わからないです。

――はー……まさに「ひどい目」と言うか、最後はどこかジャッキー・チェンの映画みたいな、マヌケ風味の漂う活劇譚。

TOBI　ただね。

――ええ。

TOBI　警察の人とはそれっきりだったんですが、銀行強盗団の一味というか、やつらの仲間には、また出くわしてしまったんですよ。

――え？

TOBI　3日後に。

そんなすぐに!?

TOBI そう、それから3日後、地下鉄の車内で。

地下鉄カツアゲ未遂事件。

アンニュイなパリの午後に二丁の拳銃を向けられるという「ひどい目」からたった3日後、TOBIさんの身にさらなる「ひどい目」が。

TOBI そうなんです。拳銃事件の日、語学学校で待ち合わせしていた知人から「肉ジャガが余ったから食べに来ない？」とお誘いがあったんです。夜の11時半に。

そんな遅い時間に？

TOBI そう、でもパリに来たばかりで友だちはほとんどいないし、何より硬いパン以外ろくなもの食べてなかったので、そのお誘い自体がすごくうれしくてね。食べにいったんですよ、肉ジャガを。それも「あたたかいうちに」って言うから、すぐに支度をして家を出ました。

―― 近いんですか、その人の家は。

TOBI 地下鉄で「5駅」でした。ドア・ツー・ドアで30分かからない距離。そんな「すぐそこ」という気軽さもあって、ノコノコ出かけて行ったんです。

―― 真夜中にもかかわらず。

TOBI ぼくは、市内を南北に走る地下鉄4番線の最後部の車両に乗り込みました。かなり遅い時間だったこともあり、乗客はまばらで、ぼくを含めて「7人」しかいませんでした。

―― 少ない。

TOBI というか、乗客は、ぼくと「ぼく以外の若い男6人組」しかいませんでした。その若者たちは、まわりを気にせず、あまり上品とは言えない声で「**ヒャッホーゥ!**」とか叫んで大騒ぎをしていました。

―― イヤな予感がします。

TOBI 絡まれたりしたら大変なので、彼らのほうを見ないようにしていたんですが、そう思えば思うほど、どうしても目がいってしまうというか……何度かチラチラ見てしまったんです。そしたら、6人のなかでもリーダー格の、髪にポマードをべったりつけた男性とウッカリ目が合ってしまった。

うわあ。

TOBI するとそのポマードさん、何かを、とても大きな声で叫んだんです。フランス語で。

フランス語で。

TOBI ぜんぜん聞き取れないんですよ。

またですか。

TOBI だって、銀行強盗の事件から3日ですよ？　ヒアリング能力がそんな急にアップするわけがないんです。だから、まったく聞き取れませんでした。しかたがないから……。

例の、得意のフレーズを？

TOBI そうです。よくわかりましたね。ぼくは、やや大きな声で「**ジュ・ヌ・パルル・パ・フランセ**」と彼らに言いました。

ジュ・ヌ・パルル・パ・フランセ

「わたしはフランス語が話せません」と。

TOBI 彼らは一瞬ポカーンとした顔をしたあと、不気味なニヤニヤ笑いを浮かべながら、こちらへノシノシ歩いて来たんです。ポマードさんを先頭に、6人全員でね。

――……はい。

TOBI　いやに肩で風を切って、いやにガニ股で、何でしょう、いかにも「我々はワルである」という感じで。あたりには、かすかに「アルコールの匂い」が漂っていました。

――イヤな予感が的中しつつあります。

TOBI　彼らは、そのニヤニヤ笑いを浮かべながら、ぼくのまわりを取り囲みました。そして、リーダー格のポマードさんが、ぼくの胸を「チョン」と小突いたんです。

――TOBIさんの胸を。

TOBI　そのときぼくは、体操着を着てたんですが……。

――はい？

TOBI　時間も時間で寝る体勢に入っていたので、肉ジャガのお誘いを受けたときは、高校のときの体操のジャージを着ていました。で、「肉ジャガが冷める」というので、着替えもせず、そのまま家を出てきたんです。

――つまり「ナントカ高校」みたいな。

武装した銀行強盗の一味と
密室に閉じ込められ、
二丁の拳銃を
突きつけられた件。

TOBI

ええ、まさにそんなやつです。胸には、ぼくの苗字の「**石飛**」という漢字が刺繍されていました。で、そのあたりを小突かれたものだから、とっさに「あ、この漢字の読みかたを教えてもらいたいのかな?」と思ったんです。

―

たしかに、世界のニュースで「若者の間に漢字ブーム到来」みたいなの、たまにありますけど……。

TOBI

そうそう、だから礼儀を知らない若者だけど、日本文化に興味あるのかな、いやむしろ、そういうことであってほしいなという願いを込めて、一語一語はっきりと「イ・シ・ト・ビ」と教えてあげたんです。

―

彼らがどういう人間か、うすうす感付いてはいながら。

TOBI

そう、これ以上ないほどていねいな口調で「イ・シ・ト・ビ」と。でも、ポマード以下6人のガニ股さんは「へえー、そうなんだ」とか「いいね!」とか言ってる感じではなく、むしろというか案の定というか、明らかに気分を害しているようすで。

―

完全にヤバい展開です。

TOBI

すると、ぼくの脳は「もしかすると、読みかたじゃなくて、意味を知りたいんじゃない?」という方向へ打開策を見出そうとしました。一縷の望みを託したかったのかもしれません。だから、気の立っているみなさんへ向かって、こんどは「**フライング・ストーン**」と言ったんです。

―― 「石が飛ぶ」で「フライング・ストーン」……。

TOBI その瞬間、リーダー格のポマードさんに、すごい早業で「グイッ！」と胸ぐらをつかまれました。そして、例のごとく、わけのわからないフランス語を浴びせかけられ、またもや「いまオレ危険」よりも「まったく理解できなかった」ことのほうに、気分がヘコミかけたんですが……。

―― ええ。

TOBI パリ生活10日目の成果か、一言だけ、聞き取ることができたんです。

―― おお！　その一言とは？

TOBI 「**ダルジャン**」

―― 「ダルジャン」

TOBI 「**お金**」という意味です。

―― やっぱりその要件でしたか……。

TOBI いま自分は、目付きの悪い6人のチンピラ集団に囲まれ、なかでも凶暴そうなリーダー格の男に、すごい力で胸ぐらをつかまれており、「ダルジャン」の言

武装した銀行強盗の一味と
密室に閉じ込められ、
二丁の拳銃を
突きつけられた件。

葉を聞いた……。ここで、ぼくは「ピン！」ときた。確信したんです。

TOBI

遅い……。

「これはカツアゲだ！」と。フランス語で何て言うかはわからないけど、これは日本語で言う「カツアゲ」に決まってる、と。

TOBI

助けもなく、逃げ場もないという意味では、銀行強盗のときと同じような状況ですね。

TOBI

にわかに恐ろしくなりました。6人のチンピラに囲まれて、他に誰もいない地下鉄車内で。その間にも、席に座っていたぼくの身体は、グイグイ斜め上方へ持ち上げられて「中腰」になり、ついには、まるでパリ・オペラ座のエトワールのように「爪先立ち」になってしまいました。

TOBI

ジャージ姿の、哀れなバレリーナよ。

そのときぼくは、たった3日前に「言ってることがわかっていない」おかげで、結果的に生き延びた経験をしていたので、「お金」という単語が聞き取れたことを、こいつらに悟られてはならないと思いました。そこで、ずっと「フライング・ストーン」と言い続ける陽動作戦に出たんです。

「フライング・ストーン」「フライング・ストーン」「フライング・ストーン」

TOBI　……うまくいくような気がしません。でも、時間を稼ぐことはできました。いつのまにか、東京で言う「新宿駅」みたいな、シャトレという中央駅のホームに、地下鉄４番線の車両がすべり込んでいたんです。

――おお。

TOBI　その間にも、きつく胸ぐらをつかまれ「ダルジャン、ダルジャン、あり金を出せ」と要求されている。ぼくは、馬鹿みたいに「フライング・ストーン」と言い続け、心のなかでは「はやく駅に着け、はやく駅に着け」と念じ続けました。そして、地下鉄４番線の車両が、永遠のような時間をかけてゆっくり停車しきった、そのとき！

――どうしたの⁉

TOBI　目の前のリーダー格の顔面へ向けて、思い切り「**ペェッ！**」と唾をひっかけてやったんです。そして、相手がひるんでいる隙に手を振りほどき、手動扉を力任せにこじあけて、地下鉄から飛び出し全速力で逃げたんです。

――凶悪なチンピラ・リーダーの顔に唾を吐くって、そんなこと、よくできましたね。

ひどい目 その一

武装した銀行強盗の一味と
密室に閉じ込められ、
二丁の拳銃を
突きつけられた件。

TOBI

人間、死ぬかもしれないと思うと、わりに何でもできるものですね。逃げ出したぼくは駅の自動改札をバッと飛び越え、隣のレ・アールという駅まで一度も後ろを振り返らずに走り抜けました。

まるでアスファルトジャングルを駆け抜ける刑事ドラマの刑事。背後から、駅員さんやパトロール中の警備員が何か言っているのが聞こえましたが、一度も振り返りませんでした。「逃げ足」というのはすごいもんで、当時すでに身体能力は衰えはじめていましたが、人生でいちばん速く走った自信があります。

その後は？

TOBI

そのまま、歩いて知人の家までたどり着き、肉ジャガをごちそうになりました。肉ジャガは、少し冷めていました。

ちなみにですがTOBIさん、さっき「銀行強盗団の一味に3日後の地下鉄の車内で出くわした」とおっしゃってましたが、つまり、その男たちが銀行強盗だったたんですか？

TOBI

いえ、そのときは、わかりませんでした。でも、それからだいぶあとになって、つまり、この「地下鉄カツアゲ未遂事件」から半年後、**パリの郊外で銃撃戦に**

巻き込まれたときに……。

え？

TOBI

この夜の出来事から半年後、パリ郊外でギャング同士の銃撃戦に巻き込まれたときに、そのことが判明したんです。

この話……まだ続くんですか。

絡みあい、もつれあう、運命の糸。

銀行強盗の件も地下鉄カツアゲ未遂の件も、どちらも大変だったろうなとは思うんですが、ご本人のキャラもあいまって、どこか「悪いけど笑っちゃう」感じでした。

TOBI
本人は必死なんですけど。しかし、ここへ来て、もっとも激しい印象を与えるフレーズ、すなわち「ギャング同士の銃撃戦に巻き込まれた」が出ました。これはいったい、どういうことでしょうか。

TOBI
パリ郊外、シャンゼリゼ通りと凱旋門の向こう側に「ラ・デファンス」という新しい街があるんです。超高層ビルが建っていたり、巨大ショッピングモールがあったりで、昔ながらのパリの街並みとはぜんぜん違う、近代的な地区なんですけど。

ラ・デファンス、ええ。

TOBI
あの深夜の「地下鉄カツアゲ未遂事件」から半年ほどたったころです。ぼくは、はじめてその街へ出かけていったんです。

はい。

TOBI
じつは「地下鉄カツアゲ未遂事件」の直後、知人宅でやや冷めた肉ジャガを食べているときには「パリで拳銃なんて聞いたことないし、それ、ニセモノだったんじゃない?」という方向で、話がまとまっていたんですよ。

あれほど怖い思いをしたのに。

ひどい目 その一

武装した銀行強盗の一味と
密室に閉じ込められ、
二丁の拳銃を
突きつけられた件。

TOBI　たしかに、その後のパリ生活を考えると「拳銃を突きつけられる経験」なんて、まったく考えられない、ものすごく特殊なシチュエーションなんです。だから、あのときに見た拳銃の、黒ルビーみたいなまがまがしい照りのことはありありと覚えていたんですが「そうだよね、あれが本物のわけないよね。パリで拳銃なんて、あの人たちも冗談キツイなあ」と、安心しきって暮らしていたんです。

――つまり、ラ・デファンスに行ったのは、事件の恐怖の記憶もかなり薄れていたころであった……と。

TOBI　そう……あれは、ある晴れた冬の土曜日でした。ぼくは、ラ・デファンス唯一の観光スポットである「新凱旋門」を見物したあと、何の気なしに近くのショッピングモールに入ったんです。そしてウィンドウショッピングを楽しんでいたら、近くで、聞き覚えのある音がしたんです。

――はい。

TOBI　**「パ！　パ！　パ！」**という、乾いた音が。

――え、その音……。

TOBI　続いて、どこからともなく「火薬のにおい」が、漂ってきました。しかし、すでに申し上げたとおり、そのころのぼくは「パリに拳銃なし」と安心しきっていたので「爆竹だな」と思ったんです。

TOBI
爆竹？

そう思い込む理由がもうひとつあって、ちょうどその日は中国の旧正月、つまり旧暦の正月に当たっていたんです。パリにも中国の人たちが住んでいますから、めでたいときなんかに、そこらへんで爆竹を鳴らしたりするんです。

TOBI
派手なドラゴンが舞を踊ったりとか。

そのときぼくは、巨大ショッピングモールの2階にいました。「爆竹の音」は1階から聞こえてきました。吹き抜けから階下をのぞくと、少し先で、モンワリ白煙が漂っていました。

TOBI
ええ。

ぼくは旧正月の催し物でもやってるのかなと思い、1階へ降りていきました。するとまぶしいくらいに、店内が蛍光灯で照らされた靴屋さんが目に入ったんです。ぼくは、まるで「光に集まる蛾」のように、その店に吸い寄せられていきました。すると、目の前で「ウィーーーーン」と店のシャッターが閉まりはじめたんです。

またしても、どこかで見た光景……。

ひどい目 その一

武装した銀行強盗の一味と
密室に閉じ込められ、
二丁の拳銃を
突きつけられた件。

TOBI　そのときのぼくは「旧正月だから、お店が早く閉まるのかなあ」と深く考えもせず、閉まりかけているシャッターをくぐって、サッとお店の中に入ってしまったんです。

――　はあ。

TOBI　背後で、シャッターが完全に降りました。すると、ほどなくして店内の電気が消えました。停電という言うわけではなさそうで、機械類には電気が来ているっぽかったんですが、ショッピングモールの「全体の照明」が落ちたみたいなんです。

――　不気味……。

TOBI　シャッターも閉まってますし、さすがに店内では、店員さんたちがザワつきはじめました。異様な雰囲気のなか、せっかくなので靴をいろいろ物色し、いくつか試着をしました。

――　え、その状況で？

TOBI　ええ、不気味な雰囲気ではあったんですが、危険が迫っている感じもなかったし、店員さんも状況がイマイチわからないので、ひとまず接客するしかなかったんでしょう。

―― なるほど……。

TOBI このラバーソール、サイズありますかとか、いくつか出してもらって、結局、白バラのブーケみたいな白いスニーカーを一足、買ったんです。ただ、ひとつ気になったのは、何かを察知していたのか、接客してくれたベトナム系の若い女性店員が、小刻みに震えていたこと……でした。

―― つまり、いったい何が?

TOBI 震える店員さんは、震えながらも会計を終えると、シャッターをほんの少し開けてぼくを店の外に出し、すぐさま「ウィーーーーン」と閉めたんです。

―― 明らかに異常な状況です。

TOBI すると……**あたりに「血」が見えた。**

―― へ?

TOBI そのショッピングモールには大きなスーパーが入っていたんですが、その店のレジ付近と、さっき、ぼくが通りすぎた吹き抜けあたりが、真っ赤な血で染まっていたんです。スーパーのレジ自体も破壊されていて、お金が盗られている感じで……なんだか大変なことになっていたんです。

白バラのブーケみたいなスニーカーを買ってる場合じゃない！

TOBI　でも、血は見えているんですが、具体的に何が起きたのかはわからないまま「爆竹が誤爆して怪我したのかな？」くらいなことを、まだ思っていたんです。

――　のん気……。

TOBI　そのときでした。遠くのほうから、すごく緊迫した声で「そこで何してる！出てけ！」「はやく、いますぐに、ここから出て行け！」と怒鳴られたんです。まわりを見たら、さっき、ぼくに靴を売ってくれた店員もすっかり逃げて、誰もいない。

――　また、ひとりぼっちに。

TOBI　そう、非常灯だけが青々と光る近未来的な巨大ショッピングモールに、ひとりぽつんと立っていたんです。何がなんだか、よくわからないまま。そして誰かに「出ろ！」と言われるがまま建物の外へ出ると、**バズーカ砲のような武器を構えた人たちが、モールを包囲していたんです。**

――　仮にも市街地で「バズーカ砲」って……。

TOBI　いや、バズーカ砲というのは対戦車ロケット弾を発射する武器ですから、実際にはバズーカ砲のはずないんですが、その時点では、そんなふうに見えたんです。ガンダムみたいな、近未来からやって来たみたいな、いやに銃口が広かったので、見た目的には「空気」が出そうな武器でした。

TOBI
とにかく、かなりの「非常事態」ですね。

バズーカ砲を構えていたのは月面着陸に成功した宇宙飛行士みたいな服を着た、機動隊だか警察隊だかの人たちでした。そして、その人たちを取り囲むように、テレビ局のクルーがカメラを回していたんです。

TOBI
はあ。

すぐに機動隊だか警察隊だかに囲まれてボディチェックを受けたのですが、身分証を見せて「私は観光客です」と答えると、包囲網を抜けることができました。そして、何が起こっていたのか、具体的には何にもわからないまま、帰宅したんです。

TOBI
白バラのブーケみたいな白いスニーカーを抱えて。

そう、で、あれは何だったんだろう、飛行機でよく見る海外のドッキリ番組だろうか、あるいは刑事ドラマの収録だろうかと悶々としながら、ねずみ色をした、12型の、四角いブラウン管テレビをつけたら、緊急ニュースをやっていたんです。「本日、ラ・デファンスで不良少年グループ間の抗争が勃発し、白昼、銃撃戦が起こった模様。本日、ラ・デファンスで不良少年グループ間の抗争が勃発し、白昼、銃撃戦が起こった模様」

TOBI ―― つまり、それに遭遇した……。

ニュースによれば、事件の概要はこうでした。「拳銃・金属バット・ナイフなどで武装した両グループ合わせて300人近い10代の若者が、1月27日の午後4時に、ラ・デファンスのショッピングモールに集結、激しい乱闘となった。騒ぎに乗じ若者たちの一部が暴徒化、各店のレジから現金を強奪。ショッピングモールの出入口はすべて封鎖され、モール全体を機動隊が取り囲んだ。7人が負傷、一般客に怪我人はいない模様……」

TOBI ―― TOBIさん、よく生きて帰りましたね……。

ほんとですよね。でもまあ、死者が出なくてよかったです。あのモールを包囲してる人たちが構えていたバズーカ砲、あれは催涙ガスかなんかを撒いてたみたい。

TOBI ―― そういうもろもろを、ニュースで知ったと。

で、ビックリしたのは、オドオドしながら建物から出てくるぼくの姿が、緊急ニュースの映像に映し出されたことでした。

白バラのブーケみたいな白いスニーカーを抱えて……。

TOBI
そして、もっと衝撃の事実がわかったんです。その、パリ郊外に住む不良少年のグループというのは、語学学校の1階の銀行を襲ったり、パリの地下鉄でカツアゲ行為を繰り返したりしてたらしいんですよ。

――
え、それじゃ……。

TOBI
で、今回の銃撃事件で、その不良少年グループのメンバーどもが一網打尽に捕まったんですって。

――
銀行襲撃、地下鉄カツアゲ、銃撃戦。TOBIさん、そのすべての事件に巻き込まれてる。

TOBI
ある意味、感慨深かったです。拳銃を向けられ、カツアゲされそうになって、銃撃戦にまで巻き込まれて、最後、逮捕されるところまで立ち会ったので。

――
すべての事件が一本につながるというか、パリの不良少年グループと一人のアジア人が、3度も運命の糸を絡ませ合ったんですね。

TOBI
ヘタしたら「共犯者」ですから。

――
そう間違われても、おかしくないですよね。なにしろ「すべての現場にいた人間」だし。「黒幕はピンクだった！」……とか。

TOBI　ははは、ま、こうやってお話しすると、さすがに自分でもビックリしますけど。

――第1回からディープすぎる「ひどい目」を、ありがとうございました。

TOBI　いえいえ、こちらこそ。

――次の「ひどい目」も、楽しみにしています。ま、ここまで危険な物件は出ないでしょうが……。

TOBI　そうですね、ここまでのことは、なかなか…………あ。

――あるんですか!?

TOBI　大西洋上で漂流したときも、ずいぶん危ない目に遭ったなあと思って……。

（ひどい目その二へつづく）

欄外ひどい目

▼インド人監督にミュージカル映画への出演を頼まれる。天から降臨した『新たな神』の役で。柵のない7階の屋根の上で、命綱なしに何度もジャンプさせられ、怖がっていると「Can you jump?」と英語で命令された。その後、監督がヤク中と判明。

欄外
ひどい目

▼映画の端役で「歯茎が足りず、日本人に見えない」という理由から、上くちびるを内側に巻き込んで「出っ歯」にさせられる。できるだけ歯茎を乾かしてくちびるが戻らないようにしながら、強欲なゴルフ場経営者の役を演じた。

ひどい目 その二

豪華クルーザーで遭難し、強烈な陽射しで黒焦げになりながら、大西洋を漂流した件。

とっぽ〜ん

セレブの遊び、無人島ピクニック。

―― あ、きた。TOBIさん、こんにちはーっ!

TOBI (遠くから) ボッ、ボオンジュー…………。

―― こーんーにーちーはーーーっ!

TOBI (上空から急降下してくる漆黒の飛翔体に急襲されながら) ブッ、ブッ、ブオッ、ブオンジューフガッ! ゲホッ! オエエ!

―― なんか大丈夫ですか、具合?

TOBI い……や、ぜんぜん平気ですよ。ちょっとカラスに襲われただけですから。

―― あらためまして、お久しぶりです。

ひどい目 その二

豪華クルーザーで遭難し、
強烈な陽射しで
黒焦げになりながら、
大西洋を漂流した件。

TOBI
ボンジューフガッ（摩擦音）。

―
さっそくで恐縮ですが、本日のテーマを発表してください。

TOBI
わかりました。**「豪華クルーザーに乗っけてもらって調子づいていたら、いつしか大西洋で遭難していた件」**こんなことで、いかがでしょうか。

―
ざっくり言うと「漂流記」って感じ？

TOBI
ウィ。

―
ぜひ、聞かせてください。

TOBI
フランスにボルドーって町があるんですよ。

―
ええ、あの、ワインの。

TOBI
そうそう。ワインのシャトーがあちこちに建っていて、フォアグラやトリュフや牡蠣も有名で、農業セレブや漁業セレブや畜産業セレブがいっぱい住んでいる地方都市なんですけど。

―
たしか、スペインに近いほうですよね。地中海側じゃなく、大西洋側の。

TOBI
そうそう。で、今から9年ほど前の6月、そんなボルドーの町で行われたイベントに呼ばれていったんです。

―
それは「レ・ロマネスク」として？

TOBI　もちろんです。「Japan is not only Sushi!」という音楽イベントだったんですけど。

――「ニッポン、スシだけじゃないぜ！」と。

TOBI　はい。

――「こんなピンクなのもいるんだぜ！」と。

TOBI　欧米諸国から**「寿司にも負けてない日本人」**という、わけのわからない括りで集められたＤＪやミュージシャンが、ボルドーの地で一堂に会したんです。

――それは見ものですね。

TOBI　ライブは、大成功のうちに幕を閉じました。楽屋ではボルドーワインが飲み放題だし、みんなノリも良くて、本当に楽しかったんです。そのまま気分よく１泊して、次の日の便で、帰る予定にしていました。

――パリへ凱旋というわけですね。

TOBI　でも、その翌日……。出発前にボルドーの市内を散策していたら、声をかけられたんです。昨夜のライブを観ていたという、カリーヌって名前の30代半ばの女性から。

――ええ。

TOBI なんでも、彼女のお父さんは歴史あるワイン・シャトーを経営していて、おばさんは大きなフォアグラ工場を経営していて、自分は有名なアート・ギャラリーに勤めていて……。

— つまり、資産家の令嬢的な。

TOBI 彼女が言うには、アルカションの港に停めてあるクルーザーで大西洋の無人島に乗りつけてピクニックするってのが、このあたりじゃ定番の週末の過ごしかたなんだけど、もし、あんたたち明日ヒマで、とくに何にもすることないんだったら呼んでやってもいいわよ……と。

— すごい展開ですね。それ道端ですよね？

TOBI そうです。

— で、いやに高慢ちきですね。

TOBI うん、それもわざとではなく、とってもナチュラルに高慢ちきでした。でも、豪華なクルーザーで無人島だなんて、行ってみたいじゃないですか。

— ええ、そりゃあ、まあ。

TOBI ちなみに「アルカション」というのは、ボルドーから南西にある港町で、ハリウッド・セレブが別荘を持っていたり、海水浴場なんかもあるリゾート地。

明日ヒマ？

—— へえ。

TOBI ちょっと話がズレますけど、地中海の魚ってヌメッとしてるっていうか、身が締まってないじゃない。（※個人の感想です。）

—— はあ、そうなんですか。

TOBI 地中海って「ぬるま湯」なんですよ。だから、ずっとぬるま湯にばかり浸かってきた魚は、プヨプヨしてだらしがないんです。「**生まれたときから中年**」っていうか。（※あくまで個人の感想です。）

—— いや、くわしくは知りませんけど、緩んでるんですかね、リゾートで。

TOBI その点、アルカションで食べる大西洋の魚は、同じリゾートでもキンキンの寒流で鍛えられてますから、気合が入っているというか、キュッと身が締まっていて非常に美味なの。

—— なるほど。そんなグルメも唸らすアルカションの港から豪華クルーザー船でピクニックとは、がぜん、お弁当にも期待が高まりますね。

TOBI でしょ？　カリーヌの「上から目線」どころか「真上から目線」にはカチンときつつも、でもこれは、めったにない機会だと思いました。だから「ほんとにいいの？　行く行く！」って、ふたつ返事で。

ひどい目 その二

豪華クルーザーで遭難し、
強烈な陽射しで
黒焦げになりながら、
大西洋を漂流した件。

道端で。

TOBI レ・ロマネスクの片割れのMIYAさんとボルドーの農業セレブって最高、ラッキー過ぎるねとよろこんでたんですが、よくよく考えたら、帰りのチケットが変更不可だったし、ホテルを延泊するお金もあるしなあ……と。

一転、庶民の現実を突きつけられて。

TOBI そんなことをゴニョゴニョ話してたら、カリーナが「え？ ホテル？ そんなの親戚がやってる一流ホテルを取ってあげるし、TGV（新幹線）なんてキャンセルなさいよ。翌日の飛行機の席を手配してあげるから」みたいなことを言ってくるんです。「お金で解決できる問題なら、わたしに何でも言ってちょうだい。でも、恋の悩みだけは別。だって、お金では解決できないもの。おーほっほっほっ」……みたいな。

本物の金持ちですね。高慢ちきな。

TOBI ただ、もうその時点では、金持ちカリーヌの高慢ちきさ加減なんて、どうでもよくなっていて。

舞い上がっちゃって。

TOBI そう、あんまり楽しそうだったもんで「Japan is not only Sushi!」にNYから呼ばれていたDJのナカムラさんもその場にいたので、次の日3人で大西洋の無人島へ連れて行ってもらうことになったんです。

——豪華クルーザーで無人島へピクニックとは、あらためて、まさしく「セレブの遊び」そのものですね。

TOBI 翌日は、ボルドーの市内で待ち合わせ、右ハンドルの最高級車HONDAに乗せられて「ここがニコール・キッドマンの別荘」「ここが『ビバリーヒルズ青春白書』のプロデューサーの家の庭」「ここがナンチャラっつう元貴族の屋敷づとめの歴代の羊飼いの畑」とか、よくわからないけど、ひとしきりアルカションの街を観光ガイドされました。

——そんな、「金のはとバス」的な。

TOBI 1時間ほどセレブなドライブに引き回され、ようやく港に着くと、カリーヌの知り合いが集合してたんです。カリーヌの彼氏で、やたらとギラッギラしてるイタリア人のラファエロや、カリーヌの勤めているアートギャラリーの、高級な肉まんみたいなツヤッツヤでモッチリした初老の男性支配人とか、総勢9人のセレブリティが、そこに。

——セレブって間近で見たことないんですけど、そんなにも見た目からセレブセレブしてるんですか。

TOBI

ラファエロなどは、チリチリの髪の毛がペチョッと濡れてて、ほっぺくらいまで隠れるタレサン（※タレ目のサングラス）をかけてて、鼻の奥がヒリヒリするほどに「俺は野性的な男だ」という感じの香水をつけてて、シャツのボタンを常に4つくらい開けてて、そこから胸毛がモウモウとはみ出してて、真っ白な半ズボン、灼けた素足にグッチのサンダルみたいな、典型的な小金を持ってるイタリアの伊達男でした。**一瞬、松方弘樹さんかと思ったほどです。**

—— イタリアの伊達男なのに松方弘樹さんとは、ずいぶん込み入ったファースト・インプレッションですね。でも、そんなにも「いかにも」でしたか。

TOBI

そう、いかにも「俺たち、生まれてこのかた何度となく大西洋を気ままにクルージングしたけど、最近、飽き飽きしてたんだ。だからキミらみたいなファニーなゲストは大歓迎さ」みたいな、いかにもセレブな西洋人が9人、いかにもクルーザーなんてはじめてです、みたいな日本人3人を、ニヤニヤしながら、待っていたんですよ。

—— ……今や、完全にイヤな予感がしますね。

TOBI

そうなんですよ、思えばね。実際、その数時間後には、木の葉のように荒波に翻弄されるクルーザーの上で、強烈な太陽の光に黒焦げにされながら、喉はカラカラ、脱水症状で朦朧とした意識のなか、大西洋を漂流していたので。

大西洋のど真ん中でガス欠。

TOBI その日は、絶好のクルージング日和でした。リゾート地ならではの抜けるような青空に、ダイナミックな白い雲。目の前の大西洋はどこまでも広く雄大で、キラキラ輝いている……。

—— 天国かよと。

TOBI そう、そんな「あの世みたいなこの世」を、ヨーロッパの本気のセレブ9人に

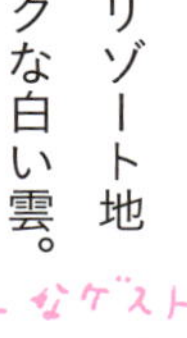

混じった日本人3名が、豪華なクルーザー船で疾走していきました。

――さぞかし気持ちよかったことでしょう。

TOBI いいえ。貴族の末裔だというカリーナは、お嬢様らしからぬ猛スピードを出すため、そのせいで船体が海面をピョンピョン跳ねるんです。乗ってるぼくらはドッカンドッカン床に全身を打ちつけられ、前後左右にも揺さぶられて、振り落とされたら死ぬだろうなと思ったら、なぜだか笑いが止まらなくなりました。恐怖で笑いが止まらない……。極限状態に置かれた人間の心理とは、なんともパラドキシカルなものですね。

――そんな感じでどのくらい走ったでしょう、おもむろに、カリーヌが「着いたよ」と。それまでずっと、まわりは海ばっかりで陸なんて見えてませんでしたから、「え? どこどこ?」と、首の長い鳥みたいにキョロキョロしていると、目の前に、ポッカリ浮かんでいたんです。

――無人島……が?

TOBI そう、それは木も草もなーんにも生えてない、ただの、ちいさな「砂浜」でした。これ以上ないってほど真っ白い砂でできた島、満潮になると沈んでしまう島、だったんです。

ひどい目 その二

豪華クルーザーで遭難し、
強烈な陽射しで
黒焦げになりながら、
大西洋を漂流した件。

TOBI

——すごーい。

砂浜は信じられないほど白く、海は完全に透き通っています。裸足ではしゃぐぼくの足元に、見たこともないような色の小魚がじゃれついてきます。本当に、夢のような場所だったんです。ましてや、こんなところで「ピクニック」だなんて……。

TOBI

——どれだけお金を積んでも、何時間か後には消えてなくなってしまう……。そんな儚さがセレブたちを惹きつけるのかもしれませんね。

もっとも、彼らにとっては「いつもの島」なので、みんなじつに落ちついたもんでしたが、ぼくは「ヒャッホー！」とか大声で叫びながら、ちいさな島を駆け回りました。

TOBI

——うらやましい！

目に入るものすべてが、まぶしかったです。

異様にでっかいパラソルの下では、セレブたちがシャンパンやヴィンテージ・ワインの栓を、惜しげもなく、ポンポン抜いていきます。いくらするのかわかんないような高い酒を「あ、こぼれた」とか言いながら。

TOBI
そんな世界が本当にあるんですね。
冷蔵庫からは、クルーザー型をした器に、エビやサザエやつぶ貝など大西洋のとれたての幸を載せた盛り合わせが、ゴッソリ出てきました。

TOBI
豪華クルーザー盛り……。
牡蠣なんか、チョッとレモンを絞ったら、キュッと身が縮こまるんですよ？エビの目なんかも、キラキラしていて……。

TOBI
楽園とは、死んだエビの目まで輝かせるのですね。
カリーヌのおばさんのフォアグラ工場から塊のまま持ってきたフォアグラ、メス豚がほじくり当てたばかりのトリュフ……。**突然、人生のクライマックスが訪れた**みたいな、そんな気分になりました。

TOBI
庶民の「ピクニック」という概念からは、相当かけ離れてますもんね。
そう、ぼくらのピクニックに出てくるのは、梅干しのおにぎりとかツナのサンドイッチですからね。イモとか。
タコのソーセージとか、ミートボールとか。

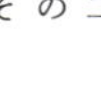
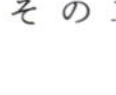

ひどい目 その二
豪華クルーザーで遭難し、強烈な陽射しで黒焦げになりながら、大西洋を漂流した件。

TOBI そんなものは、ひとつも出てきません。これまで自分はなんとちっぽけなレベルで「ピクニック」を把握していたのか、無限に広がる「ピクニック」の可能性を、自分の手の届く範囲に収めてはならない……。そう、猛省したんです。楽園で。

TOBI そして20年もののワインを一気に飲み干し、「さあ、海の幸を存分に楽しむぞ」と思ったとき、カリーヌが「クルーザーに、ガソリンを入れてこなきゃ」と言い出したんです。

―― え。ごちそうは？　おあずけ？

TOBI セレブたちにとっては、いわば「**のり弁**」**みたいなもの**でしょうから、ぜんぜん執着がないんですよ。カリーヌの恋人のラファエロはもちろんですけど、他のセレブたちも「あ、タバコが切れたし俺も行こうかな」みたいな雰囲気になったので、ぼくもしぶしぶ、ついていくことにしました。

―― ははあ。

TOBI ただまあ、しぶしぶとは言いましたけど「あの、死と隣り合わせのスリルを、もういちど味わいたい」という気持ちが、ぼくのなかになかったと言えば、嘘になります。

「タナトス」ってやつですか、いわゆる。

TOBI そして、そんなスリルは必要ないという比較的お年を召したアート・ギャラリーのオーナーをはじめ、４人のセレブが無人島で留守番することになったんです。

でも、ガソリンって、どこまで？

TOBI 港に、ガソリンスタンドがあるんですよ。クルーザー用の。

へえ。

TOBI しかし、いざ出発してみると、カリーヌがめちゃくちゃ酒に酔っていて、例の猛スピードに加え、ありえない蛇行運転をしはじめました。「フーーーウッ！」みたいな奇声を発して8の字を描く感じで、田舎の不良のパラリラパラリラ〜みたいな。

海の金満暴走族……。

TOBI フランスのセレブも日本のツッパリ少年も、人というのはみな「**調子に乗ると蛇行する**」ということが、そのとき、判明しました。ガソリンが切れそうだって言ってるのに、おなじところを、むやみにグルグル回ったりするんです。

狂気の沙汰です。

TOBI　さすがに、もういい加減にしてくれと思いました。で、さんざん時間とガソリンを無駄遣いしてようやくスタンドについたんですが、なんと、週末で、そこらへんのセレブがこぞって給油したらしく、スタンドのガソリンが、切れてたんですよ。

——え、ガソリンスタンドがガス欠？

TOBI　そう。

——そんなこともあるんだ。

TOBI　しかたがないから別のスタンドに行くことになったんですけど、ラファエロたちが「俺たちタバコを買ってくるから、きみたち船を押さえててくれない？」とかいって、みんなでスタスタ上陸しちゃったんです。

——「押さえてて」というのは？

TOBI　いや、ふつう船ってロープかなんかで固定すると思うんですけど、やつら、めんどくさいからなのかなんなのか、ぼくたち日本人3人に「**お前たちが岸壁をしっかりつかんで待ってろ**」と。

——船が離れないように？

TOBI　そう。

——雑……。

TOBI ぼくら3人の日本人は、3カ所にわかれ、ラファエロに言われるがままに、素手で必死に岸壁をつかんでいました。船が、岸から離れないように……。

——でも、そんなことって可能なんですか？　手こぎボートならいざしらず、でっかい豪華クルーザー……ですよね？

TOBI 不可能でした。ちょっとずつ、船が、離れていったから。

——わあ……。

TOBI 何分もしないうちに、ぼくら3人の身体は、**ピーンと張り詰めた状態**になってしまいました。

——笑っちゃ悪いけど……わ、笑える。

TOBI おそるおそる下をのぞくと、薄暗い海水の奥に藻がユラユラ揺れていて、まるでブラックホールに吸い込まれるような気分。そんな、言い知れない恐怖を覚えていたら「あ、あ、もうダメ……」という、ため息のような声が、聞こえてきたんです。

——は。

TOBI 見ると、力尽きたMIYAさんが、**真っ逆さまに海へ落ちて行くところでした。**

ひどい目

その二

豪華クルーザーで遭難し、
強烈な陽射しで
黒焦げになりながら、
大西洋を漂流した件。

—— なんと。

TOBI　1〜2秒後、下のほうから「とっぽーん」という音がして、**MIYAさんは、見えなくなりました。**そりゃあ心配ではあったんですけど、ひとり減ったぼくら「ロープ代わりの日本人」2人の指に、クルーザーの全重量がのしかかってきます。

—— 手を離すわけにもいかないしね。

TOBI　ぼくもDJのナカムラさんも、ギリギリ震える指先で耐えていたんですけど、もう、ほとんど限界でした。次は、ぼくが海に落ちる番だ、MIYAさんみたいに大西洋の藻くずと消えてしまうんだ……と。

—— ……ええ。

TOBI　それまでの人生が脳裏を駆けめぐりかけたとき、いちゃつくカリーヌとラファエロを先頭に酒に酔ったセレブたちが、MIYAさんが海に落ちていったようすをおもしろおかしくモノマネしながら、みんなでヘラヘラ笑いながら戻って来たんですよ。

—— おお！

TOBI　そして、ドヤドヤとクルーザーに乗り込み「あ、もう手を離していいよ」と、ぼくらの足を、ガッチリと押さえたんです。そのとき、ぼくとナカムラさんは、はたから見たらパリのノートルダム寺院の屋根から飛び出ている怪物の石像みたいになっていたはずです。

——MIYAさんは……？

TOBI 彼女は、落ちていくとき、岸壁にびっしり貼りついていたフジツボで右腕を負傷、激しく流血しながらも、自力で暗い海から這い上がってきました。

——うわあ。

TOBI そして、クルーザーによじ登ってくるとき、照れ隠しなのか何なのか、うすく笑みを浮かべていたのですが、それが**濡れたゾンビのよう**でね。

——こわい……！

TOBI ぼくが、その海の藻にまみれた彼女を救出するのを待って、クルーザーは、別のガソリンスタンドへ向けて出発したんです。

——ともあれ、よかったです。

TOBI いいえ、よくありませんでした。カリーナが再び、ほんの10分ほど猛スピードの蛇行運転をしたところで、切れてしまったんです。クルーザーのガソリンが。大西洋の……ど真ん中で。

えー!?
お〜〜!!
あ〜
ひ〜っ
ポッ
ピタ

最後は前衛芸術のように。

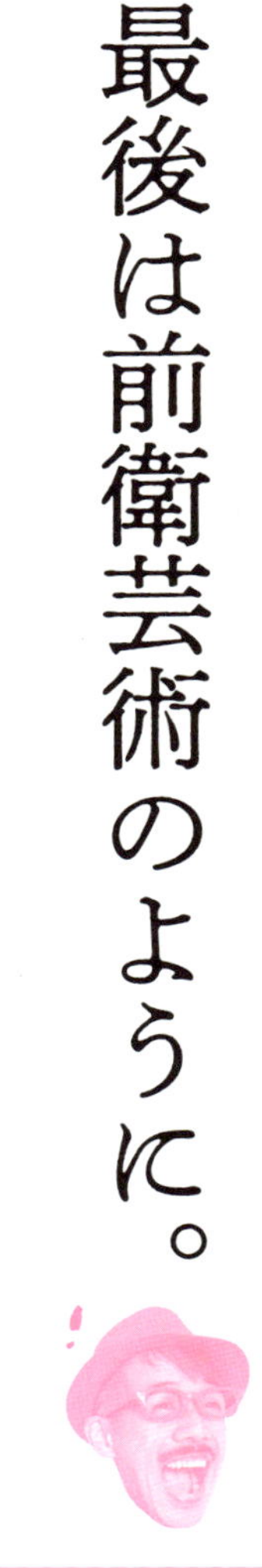

TOBI　カリーヌは、激しく怒っていました。

——何に……ですか？

TOBI　ガソリンスタンドに、ですよ。ガソリンを切らしていたから。木の葉のように揺れるクルーザーのうえ、ぼくは「**それは、あなたのせいじゃなくって？**」と思いました。

——ですよね。彼女が、むやみに猛スピードを出したり、蛇行運転とかするから。

TOBI　それに、エンジンがストップしたのって、陸からも遠く離れ、まわりに何も見えない沖だったんです。

——そんなところで激怒されてもね。

TOBI　一方で、カリーヌの恋人のラファエロは、ものすごく悲観的になっていました。

—— さっきまで、海に転落したMIYAさんのモノマネをするなど、あれだけ陽気だったイタリア人が。

TOBI もう世界の終わりだ、とかって言って。ずうっと、グチグチグチグチと「世界の終わりだ。俺たちは、ここで死ぬんだ」と。

—— チリチリペッチョリの頭を抱えて。

TOBI 他の人たちも、思わぬ非常事態に興奮して鼻唄を歌い出す者、無言でうつむく者、タバコをくわえて天を仰ぐ者……流血した手首を心臓より高く上げている濡れゾンビもいれば、フランス語がわからず状況を飲み込めてないDJナカムラもいて、まあ、「役に立たない」という意味では、全員似たようなものだったんですが。

—— でも、その状況で言葉がわからないって、ナカムラさん、さぞ不安だったでしょうね。

TOBI そう、だからナカムラさんに「何て言ってるんですか？」と聞かれるたびに、ぼくは「通訳」をしていたんです。「ラファエロは、世界の終わりだと嘆いています。カリーヌはガソリンスタンドが悪いと怒っています」と。

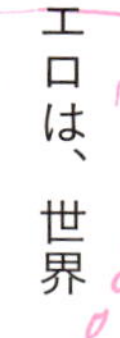

ははあ。

TOBI　そうこうするうちに、**別れ話がはじまりました。**

え。

TOBI　カリーヌとラファエロが場の混乱に乗じて昔の話をほじくり返し、「あんたは、あのときもそうだった。悲観的すぎるのよ」「いつも俺を見下しやがって！」みたいなムードになっていったんです。

その状況で、突然言い争いがはじまったら、ナカムラさんも絶対に中身を知りたいですよね。

TOBI　**しかたがないので訳しました。**

TOBI　漂流中の船上で、他人の別れ話を翻訳して実況中継……。
「おーっと、たったいま別れ話がはじまりました。あんたにはほとほと愛想が尽きたわ、今日かぎりで終わりにしましょうとカリーヌが言い、それに対してラファエロが、のぞむところだ、ホエヅラかくなよと言ってます」みたいな。

たいへんでしたね、いろんな意味で。

TOBI　でね、気付くと「**暑い**」んですよ……。

あ、その日は絶好のクルージング日和。

TOBI　ガス欠で漂流している最中には、いろいろとたいへんなことがあったんですけど……。

――　別れ話とか、その翻訳とか。

TOBI　そうそう、でも、なかでも深刻なのは「暑い」ってことだと、だんだん、その場の全員が気付きはじめたんです。

――　喉の渇きに耐え切れなくなって、ダメだと知りつつ海水を飲んで死んでしまう人もいるって、何かで読んだことある……。

TOBI　いっさい日陰のないクルーザーのうえで、じりじり焼かれていくんです。そのため喉がものすごく乾くんですけど、島に戻る前提で出てきたから、まったく飲み物を積んでいませんでした。

――　わあ……。

TOBI　全員が、静かに、干からびていく。

――　セレブも庶民も、わけへだてなく。

TOBI　ええ、そこだけは平等でした。上着なども無人島に置いてきてますから、海パン一丁に、カンカン照り。みるみるうちに、日焼けしていきました。

――　猛火に炙られるスルメのように。

ひどい目 その二

豪華クルーザーで遭難し、
強烈な陽射しで
黒焦げになりながら、
大西洋を漂流した件。

TOBI

たまに漁船や客船が遠くに見えるんですが、声なんか届きませんし、男と女が別れ話とかしている時点で、ぜんぜん、みんなの息が合ってないんです。で、そこから2時間、漂流しました。

そんなに！

TOBI

カリーヌたちはいったん仲直りをして、また大げんかをし、**結局別れました。**暑いし喉も乾くし疲れ果ててるし、クルーザーは木の葉のように波に翻弄されるしで意識も朦朧となり、全員が無言になってしばらく経ったとき、ものすごく近くをちいさなフェリーが通りかかったんです。

助け船とは、まさにこのこと！

TOBI

そのとき、はじめて全員が心をひとつに合わせました。「助けて」という意味の「オスクール(Au secours)」という言葉を叫び続けたんです、大声で。「**オスクール！　オスクール！　オスクール！**」と。

……………で？

TOBI

はたしてぼくらは、ぶじ救助されました。全員が全身、真っ黒になった状態で。露出部分が大やけどみたいになってるし、カップルは別れてるしで、みんなボロボロ、ヨレヨレの状態でしたが、客船に曳航されて港へ向かったんです。で、そこでふと、気付いたんですよ。

―― 何に？

TOBI **4人のセレブを、島に置いてきたことに。**

―― あ！ それも、満潮になると沈む島に！

TOBI ぼくらも相当ひどい目に遭ったけど「あっちのほうが、ぜんぜんヤバいじゃない……」と。港についてから社長の携帯に電話しても、海の上だからか、つながらない。

―― もう、島と一緒に沈んでる可能性も……。

TOBI どうしたらいいんだろう、はやく助けに行かなきゃと大騒ぎしてたら、ガソリンスタンドの無線に、沖にいる漁船から連絡が入ったんです。「4人の男女を、洋上で保護した」と……。

―― なんと！

TOBI カリーヌが漁船と無線で話したんですが、受話器の向こうで、**男の人が号泣しながら激怒していました。**

―― 何やってたんだ……と？

TOBI 「おまえふざけんじゃねぇ、殺す気か！」と。それ以外は、声が裏返っていて、ほとんど聞き取れなかったんですが、ともかく保護された人たちが、置いてきた４人のセレブだと判明したので、ホッと胸をなでおろしました。

—— よかったですねぇ……本当に。

TOBI あとから聞くと、４人で、楽しくお酒を飲んだりしていたら、どんどん潮が満ちてきて最後には「島がなくなった」そうです。

—— ……そういう島に行ったんですものね。わざわざ。

TOBI ４人は、みるみる水位が上がってゆくなか、荷物をカバンに突っ込んで頭のうえに載せていたらしいんですが、潮が満ち、島が沈み、ついには海水が首元にまで来てしまい、もうダメだ……と思ったときに、通りがかりの漁船に助けられたんだそうです。

—— 助けたほうの漁民も、驚いたでしょうね。頭に荷物を載っけたセレブの生首が４つ、海に浮かんでたわけですから。

TOBI 彼らが保護されている場所へ迎えに行くと、全員、真っ白な顔で震えていました。

—— かたや全員、真っ黒でね。

TOBI そうそう、その場で**白と黒の大ゲンカ**が、はじまりました。後にも先にも、あんな罵り合いは見たことがないです。

—— そんなにですか。

TOBI 「俺たちは、島と一緒に沈むところだった」「私たちだって死ぬところだった」「首まで海水に浸かったことあるのか？」「世界の終わりだったんだ！」「あんたとは別れたんだから黙っててよ！」みたいな……。

—— 構図的に、どの人も敵は1人じゃなさそうですね。別れた真っ黒い男もいれば、海の藻屑となりかけた社長もいるし……。

TOBI そして、その場の流れで、カリーヌが勤め先のアート・ギャラリーをクビになっていました。激昂した社長が「わかった、おまえなんかクビだ！」と言って。

—— 高級肉まんが、ホッカホカに蒸し上がって。

TOBI なので彼女、アルカションに着くやいなや、車のアクセルを「ブオン！」と吹かして「怒ってますよ」アピールをし、サッサと、ひとりで帰っちゃったんですよ。

—— オカンムリであったと。

TOBI みなさん、ここで、思い出してください。カリーヌが一流ホテルを手配してやるって言ったから、パリに帰るのを延期して無人島ピクニックについて行ったんです。そのカリーヌがいなくなっちゃったから、上着もズボンも流されたぼくは海パン一丁で放り出されちゃったんです。

TOBI　アルカションの港に。

しかたなく、そのあたりのみやげもの屋に「**ボルドー大学ラグビー部**」と書かれたLLサイズのラガーシャツが売っていたので、まよわず購入し、着用しました。

TOBI　背に腹は変えられませんもんね。

そして、これからどうしようと考えた挙句、あのギャラリーの社長に、ダメ元で電話しました。「カリーヌにホテルを取ってもらう予定だったんだけど、怒って帰ってしまった。今夜の寝床は、どうすればよいだろうか？」と。

TOBI　……ええ。

そしたら社長も、さすがに哀れに思ったのか「そういうことなら、しかたない。うちのギャラリーの物置で寝ていいよ。梱包材なら、いくらでもあるから」と。

TOBI　梱包材って、あのプチプチの？

そう……だからその夜は、プチプチした梱包材を何重にも身体に巻いてギャラリーの物置で寝たんです。

——「ボルドー大学ラグビー部」のラガーシャツを着た、まったくそうは見えない細長い男性がプチプチに包まれて寝ている……。まるで前衛芸術じゃないですか、それじゃ。

TOBI そう、あたかも自分がギャラリーの展示物になったかのような……不思議な気持ちになりました。ちょうど、そのギャラリー自体も、コンテンポラリー・アートのギャラリーだったしね……。

（ひどい目その三へつづく）

欄外 ひどい目

▼アート系短編映画の主役に「あなたしかいない」と絶賛されて抜擢される。見ると台本に『イシロウ：下着泥棒で殺人鬼のトイレ掃除夫』と書いてあった。真冬の2日間、底冷えのするトイレで女物の下着を股間に押し付けてハァハァ撮影。

欄外

ひどい目

▼初めてフランスに着いた日がサッカー欧州選手権決勝のフランス戦に当たったため、空港の鉄道の駅員が出払っていてパリ行きの切符を買えず、炊飯器と10kgの変圧器を抱えて肩ぐらいの高さの自動改札を飛び越えた。

ひどい目

その三

亡命ロシア人から借りた
築４００年のアパルトマンで
壁の電話回線が火を噴き、
中から盗聴器が出てきた件。

光る目玉が、こっちを見ている。

——こんにちは、TOBIさん。

TOBI ごきげんよう。

——第3回を迎えた「ひどい目」は、「亡命ロシア人から借りた築400年のアパルトマンで壁の電話回線が火を噴き、中から盗聴器が出てきた件」という、二重の意味で「キナ臭い」話であると。

TOBI いかにも、そのとおりです。ただその前に、重要な予備知識として「パリの厳しい住宅事情」から、まずは説明させていただきましょう。

——承知しました。お願いいたします。今日は、おばあちゃんたちの原宿と呼ばれ、とげぬき地蔵で名高い巣鴨地蔵通り商店街を気ままに散策しながら、どうぞ、

——お願いいたします。

TOBI パリって街は慢性的に物件不足なんです。住みたい人に対して、部屋が少ない。

——そうなんですか。

TOBI 比較的、治安が良くて家賃も安い物件だと、ほっといたら**見学の行列が「100人」超えちゃう勢いで。**

——大家さん、選びたい放題じゃないですか。

TOBI しかも、せっかく並んでいたのに「もう14人目で決めたから帰ってくれ」とか言われることもよくあります。

——ちなみに、パリのアパルトマンというのは、石とか煉瓦造りだから、築年数とかもすごいんですよね。

TOBI 短くないパリ暮らしの経験から申しますと「**100年、200年は当たり前**」です。

——日本で言えば、江戸時代じゃないですか。

TOBI 1970年代に建設されたアパルトマンには「最新建築」と書いてあるくらいです。

——築40年オーバーで「最新」とは。

ひどい目 その三

亡命ロシア人から借りた
築400年のアパルトマンで
壁の電話回線が火を噴き、
中から盗聴器が出てきた件。

TOBI そのような住宅事情のなか、ぼくも、ようやく部屋を借りることができたんです。築400年のアパルトマンを……ね。

── 古い！

TOBI 入居してオッケーの連絡が来たとき、「これで、やっと人間らしい暮らしができる」と思いました。なにしろ、それまでは「**9平米の縦長の部屋**」に住んでいたので。

── 狭い……。

TOBI 狭いし、縦長すぎて、部屋の中で人とすれちがうこともできず、住んでいると「トコロテンを押し出す器具に入れられたトコロテン」みたいな気持ちになる部屋でした。

── 興味深い心境です。

TOBI それに引き換え、築400年の新しい部屋は、36平米、バスタブなしでシャワーのみ、でもトイレは別の1DK。家賃は6万円、8階建ての4階でした。

── 「9平米の縦長」から「築400年」へ。でも、入居できて何よりでした。

TOBI 大家は、アメリカ在住のロシア人女性で、ニジンスキーさんと言いました。年齢はおそらく40代の後半くらい、まるで化粧っけがなく、シカゴ大学でロシア語を教えているということでした。

つまり、ニジンスキー教授。

「眉毛が、ものすごく太いんだけど、毛量が少なくて垂れ下がっている」という外見的特徴を持った女性でした。**「薄墨で描いたペイズリー柄」**みたいな。

TOBI ── 個性派であったと。

そして顔面が**「金のうぶ毛」**で覆われていました。いえ、顔面だけでなく、肩にも腕にも手の甲にも……身体の隅々に。

TOBI ── 金のうぶ毛が。

はじめて会ったのは7月の暑い日でしたが、ニジンスキー全体が、夏の陽光にキラキラと煌めいていたのを覚えています。

TOBI ── 国が国なら、拝まれそうです。

そして、なぜだかわからないけど、彼女のうぶ毛は、会うたびごとにフサフサになっていき、出会いから数年後にはさながら**「金のイエティ」**のようになっていくんですが……それは、それとして。

TOBI ── ええ。

ニジンスキーは「審査」をしなかったんです。

イエティ

ひどい目 その三

亡命ロシア人から借りた
築400年のアパルトマンで
壁の電話回線が火を噴き、
中から盗聴器が出てきた件。

―― 入居の？

TOBI そう。先ほども言いましたが、人気の物件には希望者が群がるため「ど・れ・に・し・よ・う・か・な？　おまえにしようかな、それともおまえにしようかな……やっぱやーめた！」みたいな目に遭ったりもするんです。

―― そんな、地獄の閻魔の気まぐれ裁き的な。

TOBI でも、ニジンスキーの出していた物件は「早い者勝ち」だったんです。通常は、大家に、自らの品行方正さをどれだけアピールできるかで入居が決まるため、ぼくも、スーツを着たり髪の毛を黒くしたり、気合を入れて面接に臨んでいたんです。それでも、数えきれないほど落とされ続けていましたが。

―― 今回は、そういう「品定め」がなかったと。つまり「いちばん乗り」だったわけですね。

TOBI そう。ただ……。

―― ただ？

TOBI **「ひとつだけ、絶対に守ってもらいたい条件がある」**と。

―― ……ほう。

TOBI トイレとリビングをつなぐ廊下の上の方に、錠の下りた収納がある、そこだけは決して手を付けないでくれ、と。

それは「鍵のかかった天袋」みたいな？

TOBI　そう、部屋は貸してやるけれども、その扉だけは絶対に開けないでほしい、と。まったく気にならなかったといえば嘘になりますが、そのぶん家賃を少し安くしていると言うし、まあ、いいかと思い契約しました。

……ええ。

TOBI　そして、そのまま、とりたてて変わったこともなく、2年の月日が流れていきました。その間、ぼくの「職業」については、ニジンスキーには、別段知らせていなかったんですが……。

夜な夜な、ピンクの衣装に身を包み、歌って踊ってるってことを？

TOBI　もし出ていけと言われたら、あの「トコロテン部屋」に戻らなければならない……。その恐怖から、黙っていたんです。でも、3年目の契約更新のときに、部屋干ししていたレ・ロマネスクの衣装を見られてしまって。

なんと。はたして、大家ニジンスキー教授は……。

TOBI　ピンク色の衣装に激しく反応し、「何なの！　あなたは何をやってるの！」とまくし立ててきました。ぼくは、かくかくしかじか、夜な夜な仮装して歌って踊っているんですとこわごわ打ち明けたら、「**あなた、何て素晴らしいの！**」と、涙目で。

――　まさかの大絶賛？

TOBI　そう。

――　金色のイエティが、ピンク色のレ・ロマネスクを大絶賛……。

TOBI　そして、ぽつりぽつりと、彼女の「半生」を、語りはじめたんです。

――　ははあ。

TOBI　彼女、レジーナ・ニジンスキーは、モスクワにほど近いコルホーズで生を享けました。旧ソ連の時代、モスクワの女学校で演劇を学んでいたとき、パリへ亡命したそうです。親友とふたり、祖国をひそかに夜行で発ち、監視の目を盗んで、陸路パリへ。

――　自由を求めて。

TOBI　時はペレストロイカ以前、ゴルバチョフ以前。政府からの締め付けが厳しく、自己表現したくて、命からがら逃げてきたと。

――　ねずみ色の管理社会から、華やかな芸術の都へ。

TOBI　貧乏や空腹に耐えながらフランス語を学び、苦労しながらソルボンヌ大学へ通い……。そのとき、親友と借りて住んでいたのが「その部屋」だったらしいんです。

――つまり、TOBIさんの借りた部屋？

TOBI　そう。そして、ソルボンヌでロシア演劇を研究しているときにシカゴ大学へ呼ばれるんですが、その直前、たまたま隣の部屋が空いたので、ぼくの借りた1DKをニジンスキーが、隣の部屋を親友が、それぞれ買い取ることにし、親友は隣へ移っていったのだと。

――そして、ニジンスキーさんは、シカゴへ行くため、部屋を賃貸に出した……。

TOBI　そのような物語を、とつとつと語っていたニジンスキーでしたが、話が演劇に及ぶや、にわかに、興奮しはじめました。

――ええ。

TOBI　金髪のカツラや純白のタイツ、ピンクのホットパンツなどを指さして「若かったあたいが祖国を……モスクワを飛び出した理由がここにある！」とかって言って。

――いったいどういう演劇なのか……。

TOBI　最後のほうは、話がよくわからない方向へ逸れていき、「この部屋は、あんたの前にパリジェンヌに貸したら、壁を全面蛍光緑に塗りたくられ、便器をゴールドに塗りたくられて閉口した、あたいの思い出の部屋にそんなアヴァンギャルドは必要ないし、日本人は奥ゆかしいからそんなことをしない民族だと聞いてる、だから、一人目のあんたに決めたんだ」と、ひとしきり大声でまくしたてて帰って行きました。

—— はた迷惑な人ですね。そしてピンクはオッケーだったんですね。蛍光緑やゴールドはダメでも。

TOBI そうみたい。

—— ともあれ追い出されなくてよかったです。

TOBI うん、それはそうなんですけど……そんなことがあってから、どれくらいだろう。ニジンスキーの親友が買い取ったという、「隣の部屋」にね……。

—— ええ。

TOBI その部屋って、ぼくの知る限りずっと空き部屋だったんです。ポストはチラシであふれかえっていたし、アパルトマンの構造上、うちのベランダから室内が丸見えなんですが、カーテンもついてなかったから。

—— はい。

亡命ロシア人から借りた築400年のアパルトマンで壁の電話回線が火を噴き、中から盗聴器が出てきた件。

TOBI

でも、あるときに、気付いたんです。いつからか、ものすごく目つきの悪い男が住みついているってことに。

TOBI

え?

いつのころからか、**隣の部屋の暗闇に光るふたつの目玉が、じぃ……っと、こっちを見ている。**そのことに、気が付いたんですよ。

「水が、漏れていませんか」

TOBI

空き部屋であるはずの隣室から、ふたつの光る目が、こっちを見ている……。管理人さんに、それとなく「お隣に、どなたか入られたんですか?」と聞いてみたんですが、「いいえ、長い間空いたままですよ」と。でも、夜中に床がきしむ音がしたり、微かにタバコの臭いが漂ってきたり、誰かが「いる」のは確実でした。

TOBI　TOBIさんだけが、気付いていた。

——不法居住してるな……と思いました。

TOBI　不法居住？　それって、住む家のない人が？

——パリでは、まあ「よくあること」だそうで、法律のことは知りませんが、知り合いのフランス人に聞くと、ホームレスの人が勝手に住みついても、そこが「空き部屋」だったら「簡単には追い出せない」らしいんですよ。

TOBI　それは人道的な配慮……なんですかね。

——おそらく。たしかに、寒さの厳しい冬場などに表へ放り出したら、凍え死んじゃいますからね。

TOBI　なるほど。

——ですから、そのときも、不気味すぎるオーラをビンビン感じつつも「そういうことなんだな」と思って、気にしないようにしました。

TOBI　光る目玉のことは忘れようと？

——いいえ、まったく忘れられませんでした。もう、ことあるごとに、光る目玉のことが気になって気になって。

―― ですよね……。

TOBI でも、あるときに、ふと、過去の記憶が蘇ってきたんです。あの目、どこかで見覚えがある……と。

―― ……どこで？

TOBI 木枯らしが吹きはじめるころ、アパルトマンの玄関で、コートの襟を立てた不審な男が、鋭いナイフのように冷たい目つきで、出入りする住人の顔を、ひとりひとり、たしかめるようにしていたんです。

―― 不気味です。

TOBI 何とも言いようのない、そら恐ろしい気持ちになったんですが、そのときのことを、思い出したんです。

―― 「あの目だ！」と。

TOBI そのことに気付いた夜は、恐怖で一睡もできなかったのですが……次の日の朝。

―― はい。

TOBI ぼくがゴミを出しに部屋を出ると、その男が、立っていたんです。

―― えっ！

TOBI 目の前に。

―― 怖い！

TOBI ぼくは、叫び出したくなるのをこらえ、**震え声で、「ボンジュール」**と絞り出しました。男は、じいっと黙ったままでした。黙ったまま、凍り付くような眼差しで、こっちを見ています。

―― は、はい。

TOBI ぼくは、ステージでも上げたことのないような叫びを上げそうになりましたが、すんでのところで何とかこらえ、膝をガクガクさせながら、もういちど挨拶の言葉を吐き出しました。「**ブッ、ブブッ、ブォンジューッハ！**」みたいになってしまいましたが。

―― 恐怖でね。なるほど。

TOBI すると男は、こう言ったんです。「**水が、漏れていませんか**」

―― ……水が？　どこにですか？

TOBI わかりません。言葉の真意が読み取れずポカーンとしていると、男は、もういちど、繰り返しました。「水が、漏れていませんか」

―― 何かの符牒？「山」「川」みたいな？

ひどい目 その三

亡命ロシア人から借りた
築400年のアパルトマンで
壁の電話回線が火を噴き、
中から盗聴器が出てきた件。

TOBI わかりません。ただ、とっさに「あ、フランス人じゃない」と思いました。ドイツなのか、ポーランドなのか……北のゲルマン民族っぽい訛りがあったので。

── 訛りっていうと、どんなのですか？

TOBI 「カカッカカッカカ、カカカッ！」

── ……それは、呪いのからくり人形か何か？

TOBI いや、つまり、発音の端々に「カッ」「コッ」「ヘゴッ」みたいな音が入ってくるんですね。そのことを考えると、あるいはロシア系かもしれない……とも。

── なるほど。

TOBI とにかく、男の、よくわからないひと言ですっかり縮み上がったぼくは「漏れていまっしぇぇぇん！」と絶叫し、玄関のドアをバタンときつく閉め施錠しました。叫びはアパルトマンの回廊をこだまし、手には、じっとり汗をかいていました。

── そうでしょう。

TOBI しかし、そのあと、男は何も言ってこないばかりか、まるでまぼろしのように隣室から姿を消してしまったんです。

── え……何だかひょうし抜けですね。まあ、よかったですけど。

TOBI　喉もと過ぎれば熱さを忘れる……とはよく言ったもので、隣の部屋から男がいなくなったら、そんな出来事などすっかり忘れました。そのまま、数カ月もの時が、あっという間に過ぎていきました。

――とくに熱さをすぐに忘れるタイプですよね、ＴＯＢＩさんて。

TOBI　そんな、ある夜のことです。季節は真冬……1月の寒い真夜中にベッドに入ってうつらうつらしていると、シャワールームから**「ゴ、ポ、ゴポ、ゴポゴポゴポ……」**という奇ッ怪な音が聞こえてきたんです。

――水？

TOBI　何だろうと思って見に行くと、あたり一面、水浸しになっていたんです。

――あ！「水が、漏れていませんか」……!?

TOBI　そう、排水口から、上の階の人の風呂水が湧き出ていたんです。泉のように。こんこんと。

――そんな「命の水」みたいなイメージの音ではなかったですけど。

TOBI　風呂水ですもんね。でもなぜ、それが「風呂水」だと？

TOBI　大量の泡をともなっていたことと、フローラルの香りとで。

――名推理ですね。

TOBI 風呂水は、どんどん湧き出してきます。みるみるうちにシャワールームを水浸しにしてしまい。あろうことか寝室のほうへも、広がっていきました。

—— 大変。どうしたんですか？

TOBI バケツで汲み出すしかありませんでした。排水管のどこかが詰まっているみたいで、上の階の誰かが使った水が、うちの排水口に逆流してきていたんです。

—— あの、こわごわ聞きますが、水とは、あらゆる種類の水……ですか？　つまり、トイレの水とかも……。

TOBI 幸い、それだけは、ありませんでした。建物の構造上、トイレの配管は別系統だったようで、トイレ以外の、お風呂・洗面・皿洗い・洗濯機……それら上階8世帯の生活排水が、かわるがわるに、ゴポゴポゴポとね。

—— 災難ではありましたが「不幸中の幸い」とも言えますよね。「トイレが別」で。

TOBI たしかに。パリ在住の知人の女性などは、洗濯機の排水口を掃除していたときに、上の人のなさった「ウ◯チ」が「**スポーーーン！**」**と、垂直に……**。

—— えっ！

TOBI 排水口から飛び出してきたので、反射的に「**掴んで**」しまったらしいです。

ゴポゴポゴポ

──素手で?

TOBI　そう。空中で。

──そんなナイス・キャッチ要らない……。

TOBI　とにもかくにも、ぼくの部屋を襲った水漏れ事件は、その後7日間に渡って続くんですけど。

──な、7日間も。

TOBI　自分のなかで「ぼくの7日間戦争」と名づけているんですが、その件は、本題からは外れますので、また別の「ひどい目」として、あらためて、お話しさせていただきます。

──つまり、その時期は、ふたつの互いに異なる「ひどい目」がクロス・オーヴァーしていたと? いくらなんでも、ひどすぎる……。

TOBI　風呂水の勢いはとどまるところを知らず、もっともすごかったときには、床上5センチくらい、部屋中が水で浸ってしまったんです。で、壁の電話回線も浸水してしまって、事件の直後から、電話の調子がおかしくなったんですよ。

──水にかかれば、それはね。

TOBI　話していると切れたり、雑音が入ったり。しばらく、だましだまし使っていた

ひどい目

その三

亡命ロシア人から借りた
築400年のアパルトマンで
壁の電話回線が火を噴き、
中から盗聴器が出てきた件。

んですが、ある朝、ついに電話回線のプラグが火を噴いたんです。

——へたしたら感電しそう。

TOBI　コード類がまる焦げになるくらいの火が出て、ぼくは、びっくりして、思わず、手近にあった消臭剤をシュシュシュッと、スプレーしました。

——ファブリーズ的なやつですね。で、消えたんですか、それで。

TOBI　消えました。

——可燃性でなくて何よりでした。

TOBI　消臭剤が焦げ、非常に香ばしい香りが、あたり一面に漂いました。それは、とても懐かしいにおいでした。何だろうと記憶の糸をたどると、それは「焼きモロコシ」の香りでした。

——わかった、消臭スプレーがトウモロコシ成分でできていたんだ！

TOBI　そんなことはともかく、ぼくは鎮火した差込口のカバーを取り外し、おそるおそる、その奥をのぞき込みました。

——おお、にわかに話が核心に。

TOBI　明らかに電気的なショートの焦げあとが、あちらこちらに残っていました。プラスチックが焼けた嫌な臭いもします。と、電話回線の箱の側面に、**いかにも**

「あとからつけた」ような、黒い物体を見つけたんです。

——……ええ。

TOBI　それは、2センチ四方ほどの黒い立方体でした。見るからにまがまがしい物体が電話線の脇に、しがみついたら離さない悪魔のテナガザルみたいなかっこうで、取り付いていたんです。

——それがつまり……。

TOBI　**盗聴器、**だったんです。TX3、とかいう名前の。

「レジーナ・ニジンスキー」とは誰なのか。

——7日間にもわたる床上浸水に見舞われ、電話線のプラグが火を噴き、結果として「盗聴器」が発見された……。

TOBI 素人目にも、見るからに怪しすぎる物体だったので、ネットで検索してみたんです。そしたら、第二次大戦中に開発された「TX3」という盗聴器でした。

――衝撃的です。

TOBI ここで、さすがのぼくもピンときました。すべてが、ひとつにつながったんです。

――と、おっしゃいますと?

TOBI 旧ソ連から亡命してきた女、隣室から監視していた目つきの悪い男、電話回線に取り付いていた謎の盗聴器。今回の一連の出来事は、「スパイがらみの事件」ではないかと。

――あはは、まさか(笑)。

TOBI ……………………。

――……えーと、つまり、ニジンスキー教授が?

TOBI ぼくだって、取り越し苦労ならいいと思ったんですけど、次々と明るみに出る情況証拠が、そんな希望的観測を許しませんでした。はじめは、自分が盗聴されていたのかなとも思って気味悪かったんですが、冷静に考えたら、そんなわ

ひどい目
その三
亡命ロシア人から借りた
築400年のアパルトマンで
壁の電話回線が火を噴き、
中から盗聴器が出てきた件。

けないんです。ぼくの話を盗み聞きしたって意味がない。

――「過激派」なのは、衣装とメイクだけで、TOBIさん、どっちかっていうと「ハト派」ですものね、目つきとか物腰とか。

TOBI うちの電話回線には「**あの店のカツラは長持ちする**」みたいな、そういう情報しか飛び交ってないし。ですから、問題は「誰が？」「どのような目的で？」「誰の電話を盗聴していたのか？」ということであって……。

――つまりは、こう言いたいわけですか？　「ニジンスキーが自由を求めて亡命してきたというのは真っ赤なウソで、じつは東側のスパイだった」と。

TOBI ぼくも、最初はそう推理したんです。しかし、思い出してください。隣の空き部屋に「不法居住」していた男に「ロシア訛り」があったことを。

――それが？

TOBI つまり、何らかのかたちで、あの男が事件に関わっているのだとすれば、ニジンスキーは、「**二重スパイ**」だったのではないかと。

――え、ダブル・エージェントってやつ？　ようするに、当初はソ連からのスパイとしてパリに潜入したものの、ある時点で、西側に買収・懐柔されて寝返り、逆にソ連側の情報を売っていた……。

TOBI

そう。
『ゴルゴ13』か『007』かというような、まさかの展開です。

TOBI

ともかく、盗聴器発見から数分のうちには、ぼくのなかでニジンスキーのスパイ容疑はほとんど「確信」へと変わっていきました。

——

はあ……。

TOBI

そして、この極秘情報は、誰にも明かしてはならないと思いました。
そんなことをしたら「**命が危ない**」と感じたんです。

——

いま、大々的に明かしていますが……。

TOBI

金色のイエティの正体を知ってしまった以上、コンクリート製のエッフェル塔を頭の上に載せられて、セーヌ川へ沈められる……。そんな恐怖で、心臓が、これ以上ないほどバックンバックンいってるところに……。

——

はい。

TOBI

電話が鳴ったんですよ。

——

え、何で？　回線、生きてたんですか？

TOBI

そのようでした。しかも着信音量が、初期設定の「最大」に戻ってたんです。
ぼくは、絶妙なタイミングでけたたましく鳴り響く電話のベルに驚愕し、ほぼ垂直に飛び上がりました。黒ひげ危機一発の、黒ひげのように。

TOBI　そして、おそるおそる受話器を取りました。ときに、フランス語で「もしもし」にあたる言葉は「アロー」なんですが、ぼくは常日頃から**「アロー、もしもし」**と電話に出ています。

——　つまり、フランス語のあとに、日本語を？

TOBI　そう、実家から親が電話をかけてきたときに「アロー」だけだと、いつも「あ、ガイジンが出た」と思って切っちゃうので。

——　生活の知恵ですね。

TOBI　だからそのときも、咄嗟に「アロー、もしもし」と言いました。すると、電話の相手が押し殺したような、低い胴間声で「**セ・キ・モシモシ？**」と……。つまり「モシモシ……誰だ？」と、言ったんです。

——　……はい。

TOBI　この時点で、すでに生きた心地ゼロだったんですが、ぼくは、朦朧とする意識のなか、もういちど「アロー、もしもし」と繰り返しました。すると、相手は突然ブチ切れたように「おまえはいったい何をしている、そこで！」と、ドスの利いた声で怒鳴ったんです。

――ひゃあ。

TOBI　ぼくは、盗聴器を発見してしまったことを、盗撮カメラかなんかで知られてしまったのだと思って、何も言うことができず、黙っていると……。

――ええ、ええ。

TOBI　「妻がひとりで留守番しているはずなのに、なぜモシモシとかいう名前の男がうちにいるんだ！　そこで何をしている！」と……。

――えーーーーーっと、つまり……間違い電話？

TOBI　そうです。タイミングのよすぎる間違い電話だったんです。だから「ああ、よかったぁ」という意味の言葉を口走ってしまったんです。

――ええ。

TOBI　すると電話の相手は「何？　何がよかったんだ!?　おいモシモシ！　聞いてるのかモシモシ！」と、さらに、ものすごい剣幕で。

――ようするにTOBIさん、「間男」だと勘違いされたわけですね。

TOBI　そう、「信じた妻が浮気している」と。

アロー もしもし

ひどい目 その三
亡命ロシア人から借りた
築400年のアパルトマンで
壁の電話回線が火を噴き、
中から盗聴器が出てきた件。

—— ムッシュー・モシモシと。

TOBI そうなんですよ。愛する妻が、ナニジンかもわからない、モシモシとかいうクソ野郎とよろしくやってるとでも思ったんでしょう。説明しようとしてるのに「妻を出せ！」とらちが明かないので、「**あなたのおかけになった番号は間違っています**」と自動アナウンス口調で言って切りました。

—— 間抜けな電話で何よりでした。

TOBI でも、そのときのぼくは、このままじゃまずい、おちおち寝てもいられないと思っていました。事実、恐怖のあまり、その部屋では一睡もできなくなってしまい、しばらく友だちの家に泊まらせてもらったほど。

—— 無理もないです。

TOBI だから、せっかく入った部屋だけど「次の7月で出ます」と、大家のニジンスキーに伝えたんです。

—— ええ。

TOBI すると、ニジンスキーからは「では、次のお休みに、例の収納の中身をキレイに掃除したいからお部屋で待っていてね」という、意味深なメールが来ました。

—— 入居時、絶対に開けるなと言われた収納を「キレイにしに行く」と？　そんな

TOBI 作業はＴＯＢＩさんが出てからでも、いいですよね。

そうでしょう？　だから、すべてを知ってしまったぼくは、ニジンスキーにスパイの７つ道具かなんかで殺されて、鍵のかかった収納に放り込まれるのでは、あの中には、これまでニジンスキーに殺された人々の屍が累々と折り重なっているのでは……と。

―― すっかり疑心暗鬼に。

TOBI そうこうするうちに約束の日は訪れ、はたしてニジンスキーはやって来ました。驚くべきことに、彼女はアメリカ人の彼氏を連れてきました。

―― なんと。

TOBI 相手は60歳くらいのブライアンという人で、カメラマンだということでした。ぼくは「怪しいものだ」と思いました。アメリカン、カメラマン、ブライアン。韻を踏んでいるところなども「怪しい」と。

―― ＴＯＢＩさん、もうすべてが信じられなくなってますね。

TOBI 何より衝撃的だったのは、ニジンスキーが全身の「金のうぶ毛」を綺麗サッパリ剃っていたこと……でした。

―― それは、恋のせいで？

TOBI　いや……どうなんでしょう。あれほど化粧っ気のなかったニジンスキーが、口紅を塗り、マスカラも入れ、髪をブローまでしてあらわれたものですから、ぼくには**「新しい任務のための変装」**だとしか思えませんでした。

――　やっぱり、すべてが信じられなくなってる……。

TOBI　ともあれ、部屋に入るやいなや、ブライアンが「さっそく収納の中をきれいにしよう」と提案しました。アメリカ人らしく。

――　いきなり「本題」ですね。

TOBI　ブライアンは慣れたようすで脚立に登り、重そうな錠を外し、収納の扉を開けました。そして、おもむろに脚立から降りるとスタスタ寄ってきて、ぼくの耳元で、こう囁いたんです。**「アイ・ライク・ジャズ」**

――　はい？

TOBI　「アイ・ライク・ジャズ」です。意味は、まったくわかりません。それだけ言うとブライアンは、ふたたび脚立に足をかけて作業にとりかかりました。

――　またしても、何かの符牒……？

TOBI　それも、わからないです。

――　な、謎すぎる。

TOBI ともあれぼくは、脚立の上のブライアンに「その収納の中身って、ちなみに何なの？」と、何気ないふうを装いながら、本当はものすごく勇気を出して聞きました。そうしたら……。

――……はい。

TOBI **「トイレットペーパー」**だったんです。

――へ？

TOBI ニジンスキーが買い込んだ、大量のトイレットペーパーだったんです。

――絶対に開けるなって、錠まで降ろして……。

TOBI あまりのことに思考が止まり、狐につままれたような気持ちでいると、ニジンスキーは、そのなかのトイレットペーパーを1ロール、ぼくにプレゼントし、ふたたび、扉をガッチリと施錠しました。そして「部屋の鍵はシカゴの家に送っておいてね」とだけ言い残し、ブライアンとイチャイチャ絡み合いながら、どこかへ去っていったんです。

――はあー……。

TOBI 彼女とはそれっきりになりました。ぼくは、鍵をシカゴの住所に郵送し、確認のためニジンスキーにメールをしたのですが、そのアドレスは、すでに使われ

ていませんでした。

——今回の、一連の「ひどい目」に関しては、解決されない謎が多すぎます。隣の部屋の目つきの鋭い男、旧ソ連からの亡命女性、「水が、漏れていませんか」という言葉、電話回線に取り付けられていた盗聴器、「アイ・ライク・ジャズ」という言葉、大量のトイレットペーパー、そのトイレットペーパーに頑丈な鍵をかけて保管する女、その女を覆う、金のうぶ毛……。

TOBI **最後のやつは、謎でもなんでもないと思うけど。**

——たしかに、ＴＯＢＩさんのおっしゃるように、スパイ映画のような雰囲気があります。

TOBI **でしょう?**

——でも、そうだとしても、「じつはニジンスキーが二重スパイだった」というのは、ちょっと大げさじゃないかと思うんですが。

TOBI **ふつうに考えれば、そうかもしれないです。ぼくも、例の鍵のかかった収納から、「死体」とは言わないまでも、ロシア語で書かれた秘密文書などが出てくるんじゃないかって内心、おびえていたんですが……。**

——ええ。

TOBI　ただのトイレットペーパーだったわけだし。

――　はい。

TOBI　でも……ぼくには、それでもまだ、ニジンスキーを怪しむ理由が、あるんです。

――　それは？

TOBI　**シカゴ大学には「レジーナ・ニジンスキー」なんて教授はいなかったんです。**

――　え？

TOBI　ぼくは、どうしてもニジンスキーのことが気になって、シカゴ大学のホームページを隅から隅まで調べたんです。そしたら、そんな名前の教授は見当たらなかった。シカゴ大学の教授リストのどこにも、ね……。

（ひどい目その四へつづく）

ひどい目 その三

亡命ロシア人から借りた
築400年のアパルトマンで
壁の電話回線が火を噴き、
中から盗聴器が出てきた件。

欄外
ひどい目

▼豪華客船で世界一周をしながら船内の３つの劇場でショーをするプロジェクトに選抜される。世界から集まったダンサーやアーティストと共同生活して血を吐くような厳しいレッスンを積むが、リーマンショックで、クリスマスイヴにプロジェクトは解散。

ひどい目

その四

深夜に上階の住人の汚水が溢れ出し、
膝下まで洗剤と油と生ゴミに浸かりながら
7日間、汲み出し続けたあと、
8日目にゾンビ役でステージに立たされた件。

シュ！
キュ！
ゴポゴポゴポゴポ

ぼくの7日間戦争、勃発。

──東西冷戦から続くスパイ合戦の渦中に巻き込まれていたのか、はたまた、すべての出来事は偶然のめぐり合わせだったのか……と大きな謎をのこした前回の「ひどい目」ですが。

TOBI　黄金のイエティ……いや、レジーナ・ニジンスキーというロシア女は、旧ソ連のKGBにより、亡命学生を装ってパリへ送り込まれたものの、ある時点で祖国を裏切り、西側に寝返った二重スパイだった……と、ぼくはいまでも怪しんでいます。

──「その部屋」に住んでいたTOBIさんの「皮膚感覚」が、そう告げてるんですね。

TOBI　「レジーナ・ニジンスキーさん、あなたはいったい、何者なんですか？」彼女がぼくの前から忽然と消えて以来、心のなかで何度もそう叫びましたし、もし

ひどい目 その四

深夜に上階の住人の汚水が溢れ出し、
膝下まで洗剤と油と生ゴミに浸かりながら
7日間、汲み出し続けたあと、
8日目にゾンビ役でステージに立たされた件。

再び会うことがあるなら、その正体を問い質してみたい気持ちの反面、でも、やっぱり……知りたくない。

——なぜですか。

TOBI　だって、怖いから。

——アメリカ人カメラマンと恋に落ちたせいで、顔面を覆っていた「金のうぶ毛」をきれいサッパリ剃り落とし……。

TOBI　剃毛直前は「うぶ毛」というより「フサ毛」だったけど。

——一転ゆで玉子のようなツルツル顔で、TOBIさんの前にあらわれるシーンなどは、ちょっとしたホラー、日常に潜む「UMA」を感じますものね。

TOBI　あるいは「毛を剃る」という行為は、組織への忠誠を示す儀式でもありますから、彼女は金のうぶ毛を剃ることで、何らかの「ケジメ」をつけたのかも……。

——本日、おうかがいする「ひどい目」は、そんな「亡命ロシア人から借りた築400年のアパルトマンで、壁の電話回線が火を噴き、中から盗聴器が出てきた件」という前回の「ひどい目」とまったく同じ時期、それと交差するようにTOBIさんを襲っていた「アナザー・ひどい目」であると。

TOBI　いかにも、そのとおりです。

——どうぞ、お聞かせください。

TOBI　前回は、上の階からの水漏れが原因で電話線が火を噴き、結果、そこに取り付けられていた「盗聴器」が発見されるわけですが……。

——ええ。

TOBI　その「水漏れ」が、ひどかったんですよ。

——すみません、ＴＯＢＩさん。前回の「スパイ合戦」と比較してしまうと、言葉のインパクトやイメージからは「なんだ、ただの水漏れかよ」と思えてしまうのですが……。

TOBI　あなどることなかれ！

——はっ。

TOBI　水は「漏れた」ていどではなく、いちばん近い言葉としては**「河川の氾濫」**です。壁に設置されていた電話回線が浸水したほどですから、ぼくは、膝の下まで、汚水にまみれたのです。

——そんな遠い目をして。失礼しました。

TOBI　悪夢は「７日間」続きました。

——そんなに。

ひどい目 その四

深夜に上階の住人の汚水が溢れ出し、
膝下まで洗剤と油と生ゴミに浸かりながら
7日間、汲み出し続けたあと、
8日目にゾンビ役でステージに立たされた件。

TOBI ぼくが、このときの汚水流出事件のことを「ぼくの7日間戦争」と呼んでいるゆえんですが、ともあれ、あれは忘れもしない正月早々。1月7日の火曜日の深夜のことです。その年、パリ市民は連日「**マイナス10度**」を下回るような厳しい冬に耐えていました。

まるで冷凍庫です。

TOBI そのような寒い日の夜、ぼくがベッドの中でウトウトしていると、シャワールームのほうから「**ゴ、ポ、ゴポ、ゴポゴポゴポ……**」という、奇ッ怪な音が聞こえてきたんです。何だろうと見に行くと、そこらじゅうが水浸しになっていた……このあたりは前回でもすこし触れていますが。

そうでした。

TOBI なにせ古いアパルトマンですから、排水管の一部が詰まってしまったようで、上の階の誰かが使った水が行き場を失い、ぼくの部屋のシャワールームの排水口から溢れ出していたんです。そのときの逆流水には、「お花畑のような香りのする泡」が多量に含まれていたので、これはきっと「**風呂水**」だろうなと。

ええ。

TOBI うちは4階だったのですが、上の5・6・7・8階には合計8世帯。それら住人全員の顔を思い浮かべて、あの、8階の右の部屋の若くてハト胸のボリビア人女性が泡の風呂にでも浸かってるんだろうと察しがつきました。

——みごとな推理です。

TOBI でも、そんなことより、大量の泡を含んだ水が、波打ちながらリビングへ向かって押し寄せてきたので、ぼくは、古雑巾やバケツを総動員して溢れた水をすくい、離れのトイレに運び、捨て続けました。

——マイナス10度の凍てつく夜に……。

TOBI どれくらいの時間が過ぎ去ったでしょう。何リットルの水を、掻き出したでしょう。いつしか、ボリビア女のバスタイムは終了したようで、排水口からは、また別の種類の水が湧き出しています。

——別の種類？

TOBI ええ、お次は「**洗濯排水**」でした。なぜなら、合計で4回、排水の「ヤマ場」が、訪れたので。

——つまり？

TOBI 洗いの1回、すすぎの2回、脱水の1回。

——その排水パターンから「敵は洗濯機か！」と？

ひどい目 その四

深夜に上階の住人の汚水が溢れ出し、
膝下まで洗剤と油と生ゴミに浸かりながら
7日間、汲み出し続けたあと、
8日目にゾンビ役でステージに立たされた件。

TOBI

逆流してくる水の「表情」も回を追うごとに、変化していきました。洗いからすすぎ、そして脱水ですから、水に含まれる洗剤の割合が徐々に低下してゆき、最後はほとんど単なる冷水がチョロチョロと。

TOBI

他人の家の「排水」に対する、おそろしいまでの洞察力……。

こんな夜中に洗濯機を回すのは、いつも帰りが遅い7階の左の部屋の銀行員風の男に違いない。そう考えをめぐらせながら、水を汲み出し続けました。

なるほど。

TOBI

銀行員男の洗濯タイムが終わったときには真夜中の2時をすぎており、ぼくは、ほとほと疲れ果てていました。原因の究明は明日にして今夜は寝ようと、ぼーっとしながら汚れた雑巾をすすいでいると、洗面台の穴に吸い込まれていった絞り水が、すべてシャワールームの排水口から溢れ出てきて、ふたたび床を水浸しにしてゆきます。

泣けてきますね……。

TOBI

真冬の深夜に、人知れず、他人の家の汚水を汲み出している自分。自らの流した古雑巾の絞り水が、自らの足元から湧いてくる、あのやるせなさ……あなたに、わかりますか?

――わかりませんが、同情します。

TOBI 汚れた手を洗ったら、その汚水が足元に溢れ出てきたので、それを拭いたらまた手が汚れ、その手を洗うと、その汚水がまた足元に溢れ出て……。突然、深いほら穴をのぞき込んでいるかのような虚無感に襲われました。ぼくはいったい、何をしているんだろうと。

――「恐怖！ 汚水の無限ループ地獄」

TOBI そしていつしかぼくは、洗面所の床に這いつくばるようにして、眠り込んでいたんです。

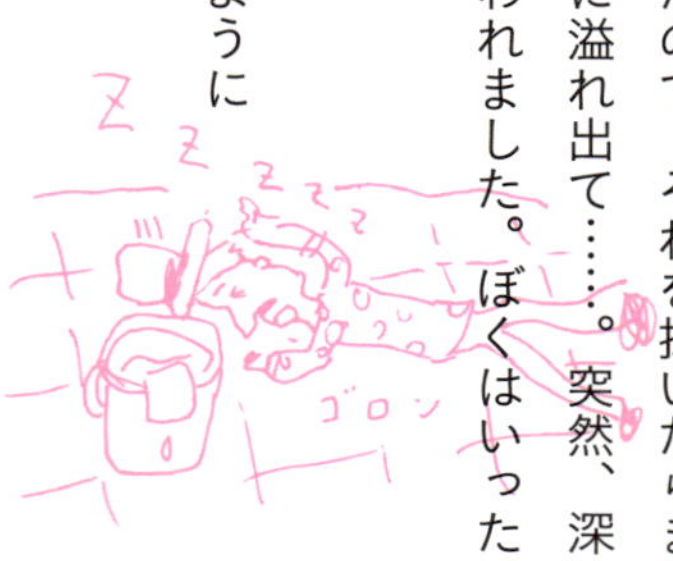

――身も心も、まさにボロ雑巾となって。

TOBI 翌朝、目を覚ますと、幸い、水は逆流していませんでした。耳を澄ますと「チョロチョロ、チョロチョロ……」と配管に水が流れる音さえしている。

――じゃあ、詰まりが取れたんですかね？

TOBI いえ、そんなに甘くはないことは、これまでの人生で重々承知です。ただ、配管が完全に詰まっているわけじゃなく、少なくとも、お風呂や洗濯など、大量の水を使わない限りは逆流してこないのだろうと見当をつけました。

――まだ、ちょっとの「隙間」が空いてると。

ひどい目 その四

深夜に上階の住人の汚水が溢れ出し、
膝下まで洗剤と油と生ゴミに浸かりながら
7日間、汲み出し続けたあと、
8日目にゾンビ役でステージに立たされた件。

TOBI　だからいまのうちに……つまり、また夜になって上の階の住人が大量の水を使い出す前に、何とか手を打たなければならない。そう思って、どうにか水道工事の人を捕まえようと、大家のニジンスキーはアメリカですから、管理人に相談しに行ったり、アパルトマンの仲介会社に連絡したり、知り合いに電話をかけたり、あらゆるツテを当たったんですが……。

——　ええ。

TOBI　まだ陽の高いうちに聞こえてきたんですよ。あの……奇ッ怪な音が。「**ゴ、ポ、ゴポ、ゴポゴポゴポ……**」

——　ひいぃ。

TOBI　時刻はまだ黄昏どきにも早かったので、これは、上の誰かが、夕飯の支度をはじめたなと思いました。なぜなら、ナスのヘタやらアーティチョークの剥いたカスやらの台所系生ゴミが、シャワールームの排水口から、次から次へと姿をあらわしはじめたからです。

——　つまり、それらのカスが、かろうじて開いていた配管の最後の隙間をフタしてしまった……。

TOBI　そう、ヘタがフタを……ね。築400年のアパルトマンの老いさらばえた排水管に、とどめを刺したんです。ぼくは、コッテリとした食用油の浮かんだ水をバケツで汲み出しながら、生ゴミを台所に流している連中がこんなにいることに怒りを覚えながら、えんえんヘタやカスや魚の骨を拾い続けました。

――何の罰でしょうか。

TOBI　そして、汚水と生ゴミにまみれながら、いつしかぼくは「明日からは、ナスはヘタまで食べよう。皿に残った油もベロベロ舐めてきれいにしよう」と、心に決めていました。

――それは……なぜですか。

TOBI　「ナスはヘタまで食べよう。皿に残った油もベロベロ舐めてきれいにしよう。なぜなら……」

――……なぜなら。

TOBI　**「階下に、それを拾い集めている人間がいるかもしれないから」**

――ふ、深い……。

TOBI　「ナスはヘタまで食べよう。皿に残った油もベロベロ舐めてきれいにしよう。なぜなら、階下にそれを拾い集めている人間がいるかもしれないから」……そのとき、心から素直に、そう思えたんです。

キュッ！　シュッ！
10秒後にやつが来る！

――真冬のパリの極寒の深夜に、シャワールームの「水漏れ」に見舞われ、ひとり、孤独な戦いを強いられていたＴＯＢＩさん。

TOBI　孤独で絶望的な戦いを……ね。

――水道工事の人は、何で来ないんですか。

TOBI　（ため息まじりに）パリって街はね……。

――ええ。

TOBI　２００年以上も前の管がまだ使われていたりして、排水管が詰まりやすいんです。洗濯機やバスタブから大量の水が流れることを想定してつくられていないので、細いんですよね。

――なるほど。

ひどい目 その四

深夜に上階の住人の汚水が溢れ出し、
膝下まで洗剤と油と生ゴミに浸かりながら
７日間、汲み出し続けたあと、
８日目にゾンビ役でステージに立たされた件。

TOBI だから、あちこちで、しょっちゅう、お水のトラブルが発生しているんです。

―― そうなんですか。

TOBI そのため、**水道工事の人が「引っ張りダコ」**なんです。いつ電話しても予約がいっぱいで、やっと来たと思ったら、殿様商売なもんでふんぞり返っている始末。

―― えー。

TOBI つまりパリの生活では、ある意味においては、誰より「水道工事の男」がヒエラルキーの頂点に君臨しているんです。

―― 旅行ガイドブックに載っていないパリの顔。はじめて知りました。

TOBI 機嫌を損ねて手を抜かれたり、何もしないで帰られた話は、よく聞きます。だから、お菓子やビールを出したり、**「そのジーパン、カッコいい！」**とか、ご機嫌を取ったりするほどなんです。

―― たいへんなんですね……いろいろ。

TOBI ぼくの家には、発生から3日目、つまり1月9日の午後になってようやく水道工事の男が来たんですけど、案の定ムスッとして、機嫌がよろしくない。

―― ははあ。

TOBI　こっちはすでに丸2日以上、各種生活排水とかナスのヘタ、コーヒー豆、パン屑などの生ゴミと24時間体制で格闘していたんですが、最後の力を振り絞り、必死でお世辞の言葉を探しました。しかしその男は、ガリガリに痩せこけて頭頂部はバーコード調、息は酒くさいわメガネは曲がってるわ、タックが2本も入ったケミカル・ジーンズは履いてるわで……。

――褒める場所が見当たらない。むしろ、どこか一箇所でも褒めたら「バカにしてんのか！」と怒られそう。

TOBI　しかたがないので「これはニッポンのガトーでマンジュウと言います」と、広島名物もみじ饅頭を差し出してみたんですが「甘いもの嫌い」と、素っ気なく断られました。

――TOBIの気に入られ大作戦、撃沈。

TOBI　そこで、とにかく今の窮状を訴える作戦に切り替えました。するとその男は、あからさまに面倒くさそうな顔をして洗面台の下のS字の管を外し、コンコンと数回、軽く叩いただけで「**よし直った**」と言って、立ち上がったんです。

――えええ。

TOBI　もう、早く家に帰りたいだけなんです。そんなところじゃなくて建物全体の排水管が詰まってるはずだと必死にアピールしたんですが「いいや、ちょっと押してみたら、詰まってたゴミが流れていったから、絶対に直ってるはずだ」と「150ユーロ」の請求書を置いて帰ってしまいました。

TOBI ―― 150ユーロといったら日本円にして約2万円……で、水漏れは？

直ってるわけないんですよ。適当にチョイチョイ見ただけですから。しばらくしたら、あの、若くてハト胸のボリビア女性が早めの泡風呂に浸かったらしく、例のお花畑のような香りの泡水が……。

TOBI ―― ブクブクと。

いや、そのときにはもう、**「シャシャシャシャシャーアアアアッ！」**という、容赦のない音に変わっていました。

TOBI ―― 毒ヘビの威嚇みたい……。ともあれ、詰まりのレベルが次のステージへ進んだ感じがします。

そう、管の詰まりが、一滴たりとも排水の通過を許さないらしく、排水口から、汚水がものすごい勢いで噴射され、隣のリビングの床まで泡だらけに……。

TOBI ―― 状況は、さらに絶望的に。

そこでぼくは「ぼくの家の排水口から、あなたたちの家の汚水が溢れてます。

だから水を使わないで！」という貼り紙を貼ってみたんですが、とくに効果はありませんでした。

——貼り紙作戦も、ダメ。

TOBI　そのような状態ではあったんですが、そのとき、5日後の1月14日に、少し大きめのお仕事が入っていたんです。それは、Ｔｏｏｇ（トゥーグ）というフランス人ミュージシャンが主宰していた、「死と再生」をテーマにしたエレクトロのクラブイベントなんですけど、そのイベントのラストのところでゾンビになって踊ってくれ、というもので。

——ゾンビになって？　レ・ロマネスクとして？

TOBI　そう。

——いろんな仕事があるもんですね……。

TOBI　Ｔｏｏｇさんが、ぼくたちのライブを見て「ピーン！」と来たらしいんです。彼らにならゾンビを任せられる……と？　でも、ゾンビの踊り得意なんですか。

TOBI　いえ、やったこともありません。いいですねーと適当に笑いながら答えたら、翌日にはチラシやホームページに、「**ゾンビダンサー：レ・ロマネスク**」とクレジットされてしまいました。

水を
使わないで!!

まるで「ゾンビ専門」かのような扱い。

そう、そんなふうに書いてあったら観るほうも「プロのゾンビダンサーかよ！」と思うじゃないですか。だから、家の中の悲惨すぎる状態をひとまずはさておいて、ゾンビの踊りの振り付けを考えなければならない時間も必要だったんです。

フロアの期待に応えるためにもね。「仕事」とは、ときに、つらくて過酷なものです。

汚水汲み出しの合間にアイディアを練り、結果としてマイケル・ジャクソンの『スリラー』にオマージュを捧げつつ、中島みゆきの『わかれうた』のように道に倒れて誰かの名を呼び続けるような……そんな振り付けが完成しました。

イメージしきれませんが……はい。

さらに、ゾンビの衣装も自前だったので、パリの北の方にある激安のお店で古着を仕入れてきて血糊を塗ったり、カッターでボロボロに切り刻んだり……。

水道工事の人を探しつつ、朝晩には、溢れ出る汚水を汲み出しつつ、ゾンビダンスの稽古と下準備をしつつ。

そんな、シャワーを浴びることさえできないヘドロのような生活を続けていると、いろいろ、わかってくることがありました。
何でしょう。

TOBI　まず、毎朝、決まって「7時10分」にモーニング・シャワーを浴びる人がいる。その人はココナッツの香りのするボディーソープを愛用しているため、きっかりその時間に「ココナッツ臭のする泡を含んだお湯」を溢れさせてくる。TOBIさんの部屋に。

TOBI　なので、水漏れの発生から数日後には、朝7時に目覚まし時計をかけ、7時10分までにはバケツを持って排水口の前で待ち構え、溢れてきたそばから、手際よく水を汲み出せるようになっていました。
TOBIさんの朝も、その人のシャワーとともにはじまる、と。

TOBI　排水は、それ以降「冷水」となります。洗顔したり、歯を磨いたり、野菜を洗ったりなど、人というのは、朝はお湯よりも冷たい水を多く使い、逆に夜はお風呂などお湯ばかり使うんですね。
そんなことを身をもってたしかめた人って、なかなかいないでしょうね……。

TOBI　さらに、上の階の誰かが水道の蛇口をひねる「キュッ！」という音に、身体全体が敏感に反応するようになったんです。

ひどい目 その四

深夜に上階の住人の汚水が溢れ出し、
膝下まで洗剤と油と生ゴミに浸かりながら
7日間、汲み出し続けたあと、
8日目にゾンビ役でステージに立たされた件。

——え、その音を聞き取れるようになった？

TOBI そう、そしてその「キュッ！」のあとには、かならず「シュッ！」という、水が水道管を這い上がる音が続くんです。さらに、それから10秒後に、我が家の排水口からシャーシャーシャーと水が溢れてくる……。

——何かもう「異能の者」ですね。

TOBI **キュッ！　シュッ！　10秒後にやつが来る！**　これは、水漏れが起こる「サイン」ですから、絶対に聞き漏らさなくなりました。

——それをたった数日で身につけたんですか。人間ってすごい。

TOBI そして「浄水は10秒後に必ず下水となる」という、絶対的な人間社会の法則を学んだんです。

——その法則に気付いた人が、有史以来、いったい何人いたことでしょう。

TOBI しかし、さすがに5日目6日目になると心身ともに疲れ切っており、昼夜を問わず、何度も何度も階段の踊り場から上階へ向けて「水を使うな！」「今おまえの使った水が溢れている！」と大声で叫んだりするように……。

——そんなにも追い詰められて……。

TOBI 誰も聞き入れてはくれませんでした。きっと気のふれた可哀想な人としてスルーされていたんだと思います。

TOBI ――せつない……。

とくに1月11日の土曜の夜がひどくて、深夜の3時すぎまで、洗濯機の水、台所の水、お風呂の水などがかわりばんこにやってきて、朝方の5時くらいにようやく汲み出しを終えたんです。

TOBI ――2時間後には「7時10分のシャワー」が……。

そして「エへ、エへへへへ、これで、今夜もようやく解放された」と、涙と奇妙な薄ら笑いとをごちゃ混ぜにしながら、やっとベッドに倒れ込んだと思ったら、お花畑のような香りのする、あの、ボリビア女の泡風呂の水がベッドのすぐ下にまで……。

TOBI ――まさかの朝風呂！

そのとき、自分のなかの何かがブチッとキレるのがわかりました。ぼくは部屋から飛び出すや、「水を使うな！　水を使うな！　水を使うな！」と叫びながら、狂人のように8階へ向かって階段を駆け上がると、途中の6階の一室から……。

TOBI ――……から？

そう……6階の一室から、でっぷりと肥えてみごとに禿げ上がり、頬をほんの

ひどい目 その四

深夜に上階の住人の汚水が溢れ出し、
膝下まで洗剤と油と生ゴミに浸かりながら
7日間、汲み出し続けたあと、
8日目にゾンビ役でステージに立たされた件。

りピンク色に染めたオッサンがバスローブ一枚の姿で出てきたんです。

——まさか！

TOBI そう、毎晩、お花畑のような香りのする泡風呂に入ってたのは、その、**バスローブを巻いた肥えて禿げたオッサンだったんです。**ぼくは毎晩、この人の「縮れ毛」を人差し指と親指でつまんでトイレに捨てていたのかと思うと……。

——……………ヒィッ！

TOBI ほとんど、正気を失いかけました。

ゾンビになったTOBI。

——24時間体制で汚水の漏れに対応しながら、ゾンビの踊りの振り付けも考え、ゾンビの衣装も手づくりし……という絶望的な状況を、どうやって打破したんですか。

ひどい目 その四

深夜に上階の住人の汚水が溢れ出し、
膝下まで洗剤と油と生ゴミに浸かりながら
7日間、汲み出し続けたあと、
8日目にゾンビ役でステージに立たされた件。

TOBI
水漏れの発生から7日目の月曜日、管理人さんを部屋に招き入れ、床や壁やピンクの衣装のスソ等にベットリと油や生ゴミがへばりついた悲惨な状況を見てもらったんです。すると、それまで「自分でどうにかしてよ」的な態度に終始していた管理人も、ようやくヤバすぎる状況を理解したのか、裏から手を回し、その日じゅうに、水道管工事の人を手配してくれることになったんです。

——
おお、ついに。

TOBI
でも、その日はちょうど、外国人滞在許可証の更新日だったため、管理人に工事の立ち会いを託し、ぼくは警察署へ出向くことにしました。

——
ええ。

TOBI
どんなに全身を拭き清めても、異臭や腐臭が消えなかったため、思い切ってファブリーズを身体じゅうに振りかけ、家を出ました。警察には昼の12時には到着したのですが、夕方5時まで待たされた挙句、「ハイ、時間切れです。次は3カ月後」と言い放たれました。

——
これまたひどい!

TOBI
でも、そんなことは気にしません。だって家に帰れば、待ちに待ったシャワーを浴びられる! ああ、なんてぼくは幸せなんだろう! スキップするくらいのテンションで自宅に戻ると、水道工事の人が、まだ来ていない……。

——……………………。

TOBI これは……と思って電話してみると、案の定「本日の営業は終了しました。平日の朝9時から夕方5時までの間におかけ直しください」という冷たいアナウンスが流れました。

——さらに、ひどい……でも、このあたりの細かいひどい目については、もはや、そんなにひどくない気すらしてきます。

TOBI 翌日の火曜、つまり水漏れから8日目はゾンビ踊りの当日だったので、もう絶対に本番までに来てもらおうと決意しました。

——水が溢れ出してから、すでに「まる一週間」が経過しています。

TOBI 身体は、完全に限界に達していました。そのころになると、24時間ひっきりなしに水が溢れていました。ベッドに臭いが移ると嫌なので、**洗面所にダンボールを敷いて寝ていました。**

——家の中で家をなくした人が、ここに……。

TOBI しかも、洗剤をたっぷり含んだ汚水にしじゅう触れていたので、手足の指がカサカサにアカギレを起こし、うっすら血がにじんでいます。

ひどい目 その四

深夜に上階の住人の汚水が溢れ出し、
膝下まで洗剤と油と生ゴミに浸かりながら
７日間、汲み出し続けたあと、
８日目にゾンビ役でステージに立たされた件。

TOBI
よくぞ、気をたしかに保ちましたね。

いや、このままいったら、精神の崩壊も近いという予感がありました。なので、何が何でも明日の日中、ゾンビ踊りの会場入りの夕方5時までに水道工事の人をつかまえ、しっかり直してもらわなければならない！

TOBI
は、はい。

せめてもの防衛措置として、その日は、アパルトマンに帰ってくる住人たちを玄関先で待ち伏せ、「ちょっと、この悲惨な部屋を見てってください」と、拾い集めた各種生ゴミや、毎晩ここまで水浸しになるんだという「水の跡」をひとりひとりに見せたんです。

TOBI
このナスのヘタやキャベツの切れ端に見覚えはないかと。

そしたら、その日の夜から翌朝にかけて、上の住人たちが、工事会社の留守電に「緊急事態！　下の階に住んでるアジア人がヤバい！　マジで死ぬかもしれない！」と、録音しまくってくれたんです。

いわゆる「電凸」的な。

もうダメ…

TOBI そう。

――真夜中に洗濯機をまわす銀行員風の男も、ハト胸のボリビア人女性も、ココナッツのボディソープを愛用している朝7時10分にシャワーを浴びる人も、でっぷり肥えてみごとに禿げ上がった泡風呂のオッサンも？

TOBI はい。

――いい人たちじゃないですか。

TOBI いいえ。気兼ねなく水を使いたいからですよ。自分たちのパリ暮らしをおかしな野郎のおかしな不幸に乱されたくないだけ。

――あ、そう……。

TOBI その証拠に、次の日の朝も、いつもと変わらず、コーヒー豆のカスやらパンの屑などは、容赦なく排水口から流れ出てきましたから。

――下の階で水漏れするけど、モーニングコーヒーくらいならいいだろうと。

TOBI そこはパリジャン、パリジェンヌです。じつに多種多様なコーヒー豆のカスとパン屑が流れてきます。アフリカ系の苦い豆とクロワッサンで朝食を摂る人もいれば、中南米系の酸味の強い豆に、シリアル入りバゲットの人もいたり……。粗挽き、中挽き、細挽き、ありとあらゆるコーヒー豆のカスが、バゲット、ブ

ひどい目 その四

深夜に上階の住人の汚水が溢れ出し、
膝下まで洗剤と油と生ゴミに浸かりながら
７日間、汲み出し続けたあと、
８日目にゾンビ役でステージに立たされた件。

リオッシュ、パンオーショコラの屑と一緒に、溢れてくるんです。

—— おフランスの朝の「カスと屑」が、排水口から溢れ出してくる家……。それで、水道工事の人は？

TOBI その日のお昼くらいに、電話が来ました。なにか、汚水が漏れていて？ アジア人が死にそうになってると聞いたので？ 午後２時を過ぎてしまうけど行きますよと。

—— ゾンビの会場入りまで、ギリギリの時間ですね。

TOBI はたして、水道工事の人はやって来ました。前回の男とくらべたら若干さわやかに見えなくもない、ハードパンクの青年でした。

—— おお、ともあれよかった。

TOBI 日本のマンジュウをみっつも平らげて「不味くないね」と言ってくれたし、ぼくの口からは「その髪型カッコイイね！」という、彼のモヒカン・ヘアーを褒める言葉が、わりと自然に出てきました。

—— おべっかなどではなく。

TOBI 聞けば、アジア人が好きだそうで、「ぼくはね、アジアの人のことが大好きでリスペクトしているから、アジアの人からは工事代をボッタクリしないんだ!」と無邪気に言っていました。

―― ………。

TOBI じゃあ他の人にはボッタクってるのかと軽く衝撃だったんですが、そんなことより、そのときは修理のことで頭がいっぱいで。

―― ……ええ。

TOBI まず、モヒカンのボッタクリ青年は、アパートの1階まで届くほど異様な長さの、手元のはるか先に小さなタワシをつけた器具を持ち出し……。

―― そんな器具が出動されねばならないほど、手強い「詰まり」でしたか。

TOBI シャワールームの入り口で、対戦車用バズーカでもぶっ放すかのようにドッシリと腰を据えるや、神妙な面持ちで、その器具の先端部を、ゆっくりと慎重に、細～い配管へ差し入れていったんですが……。

―― 職人技ですね。

TOBI すぐさま「コン」と。

―― え?

TOBI すぐ手前のところで詰まってたんです。そんなに長い棒、必要なかったんですよ。

深夜に上階の住人の汚水が溢れ出し、
膝下まで洗剤と油と生ゴミに浸かりながら
7日間、汲み出し続けたあと、
8日目にゾンビ役でステージに立たされた件。

TOBI ― それじゃ、むしろ作業しづらいでしょう。ボッタクリ青年は、堂々とした顔で、ゆっくりとその器具を配管から抜き床に置きました。そして、さらにゆっくりと、巨大なフォークのような器具に持ち替えて、大きく深呼吸をすると、配管の穴を一気呵成にガバガバと刺しはじめたんです。すると、ついに……。

―― ……はい（ゴクリ）。

TOBI 直径にして40センチはあろうかという、丸くて巨大な黒い物体、それはまるで「**中年男性の濡れた頭部**」ともいうべき漆黒の塊が、「ゴボゴボゴボゴボーッ！」という轟音とともに、あらわれ出たんです。

―― おおお！

TOBI その「漆黒の塊」には、水垢や石灰のようなものが付着しており、それが「中年男性の濡れた頭部に浮いたフケ」のような雰囲気を、ますます醸し出していました。

―― 聞いているだけで、すごいカタルシス。ものすごいデトックス感……。

TOBI ただただ、ひたすらに感動的でした。その、中年男性の濡れた頭部の後ろから、まばゆい光が射し、キラキラ輝いているようにも見えました。

——宗教的な畏怖すら感じたと。で、水漏れは直ったんですよ……ね？

TOBI 直りました。こうして、長くつらかった「ぼくの7日間戦争」が、終結しました。ぼくは、目の前で4つ目のマンジュウに手を出すモヒカン青年を、心の底から尊敬しました。頬に大粒の涙が伝っていた気もしますが、手が汚すぎて拭えませんでした。見れば、時計の針は4時10分を指しており、今から急いで出れば、会場入りの時間にギリギリ間に合うタイミング。

——そうか、ゾンビの踊りがあるんだ！

TOBI そう、本番はすぐそこに迫っていました。だから、水漏れが直ったとはいえ、シャワーを浴びている時間はありません。

——急がないとね。

TOBI ぼくの身体からは、お花畑の芳香と下水の腐臭が入り交じった、何とも形容しがたい「強い」匂いが漂っていたのですが、そんなことも言ってられませんでした。

——待っているから、オーディエンスが。

TOBI そう、エレクトロ好きのトンガリキッズが、フロアでぼくを待っている……。そう気を取り直して、ゾンビの衣装を手に会場へ急行したんです。

ひどい目 その四

深夜に上階の住人の汚水が溢れ出し、
膝下まで洗剤と油と生ゴミに浸かりながら
7日間、汲み出し続けたあと、
8日目にゾンビ役でステージに立たされた件。

TOBI

プロです。
当初、見た目もゾンビらしくするために、両目のまわりを黒く塗ろうと思っていたのですが、ひどい「クマ」のおかげで、もはや、その必要はありませんでした。

TOBI

素顔でイケた。
顔色はコケの生えた老木のように生気を失い、アカギレでカサカサに荒れ果てた10本の指先からは、じんわりと血がにじんでいます。

TOBI

なるほど、そうか……！
「今日は、世界でも有名なプロのゾンビダンサーを呼んでいます。レ・ロマネスク！」そう呼ばれて出て行ったステージでは、連日連夜の汚水汲み出しによる筋肉疲労のおかげで、ゾンビ踊りの動きが異様にカックンカックンしている。

TOBI

ようするに……。
クワーッと両腕を上げても重力に抗いきれず、パタリと落ちます。途中からは悪寒で全身が小刻みに震え、舞台に倒れて誰かの名前を呼ぶ場面では「**ドゥロー（水）……ドゥロー（水）……**」と、うわ言のようにつぶやいていたと、あとからアシスタントのMIYAさんに聞きました。

――わかりました、TOBIさん。つまり「ステージは大成功」だったんですね？

TOBI そうです。オーディエンスからは、割れんばかりの、拍手喝采を受けました。

――なにしろロバート・デ・ニーロも顔負けの、完璧な役づくりですものね……。

TOBI そう、そのとおりです。あの日、ぼくは、「ゾンビを演じた」のではありません。「ゾンビになった」んです。7日間にも渡る、恐ろしい汚水事件のおかげで……。

（ひどい目その五へつづく）

欄外 ひどい目

▼パリのナイトカルチャー紹介番組に出演。深夜2時に駅で路上ライブしているところに、カメラクルーが「偶然」通りかかるというシーンを撮影。暴風と雪の中、2時間待たされ、暖を取るためウォッカをがぶ飲みし、フラフラになった。何の記憶もない。

欄外ひどい目

▼フランスの特撮ドラマシリーズ『銃士戦隊フランスファイブ』に、カマキリ怪人「アゴニー」役で出演。隊員を喰おうとする女装の怪人で、二刀流のカマで戦う。あっさり退治され爆発して消滅。アゴニーはフランス語で「死にぎわ、臨終」の意味。

ひどい目

その五

練馬で捨てたはずのステージ衣装が
なぜか船便でパリに届き
白塗りの人と何度も
共演するハメになった件。

運命の船便。

――　ＴＯＢＩさん、ＭＩＹＡさん。新年あけまして、おめでとうございます。（※このときは収録がお正月明けすぐでした）

TOBI　ボ・ナ・ネ〜♡（Bonne Année）

――　本年も、読む人に勇気を与える「ひどい目」話をどうぞ、よろしくお願いします。

TOBI　できれば平和に暮らしたいんだけど。

――　ときにＭＩＹＡさんは、この「ひどい目」には、はじめてのご登場ですね。

MIYA　ウィ、ムッシュー。

――　ということはつまり、本日は、本業レ・ロマネスクとしての「ひどい目」をご披露くださる……と？

TOBI　ウィ、ムッシュー。

——ふだんとちがって「正装」ですもんね。まぶしすぎて正視に耐えないほどです。

TOBI　がまんしてください。ところどころに「賀正」の気持ちを散りばめたスペシャル・バージョンですので。

——さて、今回の「ひどい目」は、おもに、おふたりがこの活動を開始した当初の、「ライブ活動」にまつわる「ひどい目」であると聞いております。

TOBI　なぜ、ぼくたちが、パリの地で、こんな格好をして歌って踊ることになったのか。それには、ある「**船便**」が大きく関係しているんです。

——船便？

TOBI　ぼくがまだ若かりし青年だったころのことから話しはじめることを、おゆるしください。東京の大学を卒業してからというもの、就職する会社が次から次へと、倒産していったんです。

——まるで倒産請負人……。

TOBI　流れ流れて、おじさま向けフーゾク店のもぎたて情報紙で三行広告を取ってくる仕事にありつき、「完全歩合制」という地獄のシステムのなか、廃人のようにはたらいていました。

——ひとつお願いなのですが、その「入った会社が片っ端から潰れていく件」は、また別の「ひどい目」として、後日あらためて、ご披露いただけますと幸いです。

TOBI　鬼！　……わかってます。そういう運命ですから。ともあれ、話をもとに戻しますと、そのような折、場末の安居酒屋で友だち数人と飲んでいたら、イワツキくんという人が「年忘れ弾き語り爆笑ライブを開催するから、君も出てくれないか」と。

――爆笑ライブ？

TOBI　そう。

――なぜそんな自分からハードルを上げるような名前に……。

TOBI　年の瀬で、懐も寂しく、窓の外には雪がちらつき、ぼくはといえば「泥酔」していました。なので、まったく覚えていないんですが「**ふたつ返事」でオッケーしていたら**しいんです。

――爆笑ライブへの出演を。

TOBI　数日後、イワツキくんから封書が届きました。何かなと思ってなかを見てみると「年忘れ弾き語り爆笑ライブ」のチラシで、そこには「**スキャットマン・ジョー**

ク（出演：石飛）」という演目が印刷されていたんです。

TOBI ―― そのタイトルは……イワツキくんが？

そうです。石飛というのはぼくの苗字ですけど、勝手に演し物のタイトルまで決めていたんです。飲み会のあと速攻チラシが届いたので、どうやら、どうしても埋まらなかった「最後のひと枠」に、ぼくが、嵌めこまれたようでした。

TOBI ―― 「アメコミ・キャラ」ならぬ「ハメコミ・キャラ」というわけですね。

申し上げたように泥酔していたので、そんなライブに出ること自体ビックリでした。そもそも、人前で歌なんか歌ったことないし。

TOBI ―― そんな人が、いま、この格好ですか。

むしろ人並み以上に恥ずかしがり屋で、経済学部をきっちり4年で卒業するくらいの、何のヒネリもない人生でしたから「絶対につとまらない」と思いました。人前で歌って踊るだなんて「文学部に7年、籍を置いた末に中退」みたいな肝の太さがないと絶対つとまらないと思っていたんです。

TOBI ―― ずいぶん穿った見方ですが……とにかく「それは自分の役割ではない」、と。

昭和の映画スターみたいに、ステージ映えするような豪快さもなければ、芸術方面の人によくある、大正時代の文学青年みたいな病弱さもない。チンアナゴ

ひどい目
その五

練馬で捨てたはずのステージ衣装が
なぜか船便でパリに届き
白塗りの人と何度も
共演するハメになった件。

みたいにヒョロヒョロしていて猫背なんですけど、ずっと健康優良児だったんです。小中高を通じ一度も学校を休んだことがなく、**視力だって「2・2」もあるんです。**

TOBI ――何の話ですか。

ようするに、人前で歌って踊るなんて行為とは無縁の人生だったので、濃いメイクをして、金髪のカツラを被って、ギラギラした衣装を着て……まったくの別人にならなきゃ無理だと思いました。

TOBI ――出たんですね……爆笑ライブに。

当日、本番のステージでは、極度の緊張から、思いつきでこう言っていました。「日本のみなさん、ボホンジュ～ル♡　わたしの名前は、ロマネスク石飛。おフランスからやって来た貴族です」

TOBI ――え、じゃあ、つまり……。

そう、「フランス出身の貴族・ロマネスク石飛」というキャラクターが、まさしくその瞬間に、生まれたんですよ。

TOBI ――現在につながる設定は、そんな最初期の段階から。

逆に言えば、いまと、まったく同じなんですよね。一歩も前進していないんです、当時から。

――舞台では、どのようなパフォーマンスを？

TOBI　友人の友人である「オノニュエルベアール」くん、実名オノハラくんが中学時代につくった曲に歌詞をつけて歌いました。それが記念すべきデビュー曲「愛の無人島」です。

――オーディエンスの反応は……。

TOBI　爆笑ライブの名を汚さぬよう、ぼくは一生懸命に歌い、苦笑程度にはウケました。当時は練馬に住んでいたんですけれど、去り際に「再来日に期待してます」と言われたり、真っ白い菊の花束をもらったりました。

――仏花じゃないですか。

TOBI　まさか「次」があるとは思ってませんでしたが、ライブを見た知らない人から、宴会の余興や結婚式の二次会などのオファーが次々と舞い込んできました。気が弱く、頼まれると断りきれない性格のため、「何をしているんだろう？」と思いながらも、すべて引き受け続けました。

――フーゾク店のもぎたて情報コーナーの傍らで。

TOBI　もぎたて情報紙はとっくに廃刊していました。

ひどい目　その五

練馬で捨てたはずのステージ衣装が
なぜか船便でパリに届き
白塗りの人と何度も
共演するハメになった件。

――さすがは倒産請負人……。

TOBI　ともあれ、はじめは、単なる宴会の余興だったんですが、そのうちに学園祭に呼ばれ、テレビの深夜番組に呼ばれ……。気付けば、アントニオ猪木と一緒に木更津の海開きで、餅つきをしていたんです。

――例のビンタは？

TOBI　頂戴しませんでした。

――そのような活動には、ギャランティ的なものは発生するんですか？

TOBI　頂戴していました。ただ、あいかわらず就職した会社が潰れまくる倒産スパイラルに巻き込まれており、副収入もすべて衣装とカツラに消えていくし、何か……だんだん、疲れてきてしまって。

――無理もないでしょう。

TOBI　しかも、そのころになると「ロマネスク石飛とナンチャラ」ってグループをいくつも掛け持ちしており、総勢15、6人のメンバーがいたんです。

――ワクに嵌められてはじまった扮装人生でしょうに、なんでまた、そのような展開に？

TOBI

飛んでくる球を必死に打ち返しているうちに、ムード歌謡コーラスグループを、なぜだか……やりたくなってしまったんです。「内山田洋とクール・ファイブ」のような、「敏いとうとハッピー&ブルー」のような、「森雄二とサザンクロス」のような、「秋庭豊とアローナイツ」のような……そういうやつを。

――みなさん、どれも「人名+カタカナ語」って構造ですね。

TOBI

ぼくらのグループも、その暗黙のルールにのっとり「**ロマネスク石飛と揉みあげホテル**」と命名しました。ただ、まわりには「ムード歌謡」をやりたい人が皆無だったため、記念すべき初ライブも「メインボーカル1人・コーラス1人」という、実にさみしい編成での船出となりました。バック・コーラス役の「メゾンド池場」さんは、曲中で「アァー」と2回、言うだけでした。

――今のレ・ロマネスクとまったく同じ状況……。

TOBI

その後、医療機器の営業マンの方が「マイルド森井」として参加してくれたんですが、おふたりとも本業が忙しく、次々と舞い込むオファーに応え切れなくて。

――ええ。

TOBI

しかたがないので、バック・コーラスの人には、都合のつくときだけ来ていた

ひどい目 その五

練馬で捨てたはずのステージ衣装が
なぜか船便でパリに届き
白塗りの人と何度も
共演するハメになった件。

だく「登録制」のようなシステムを考案して、主婦・バスの運転手・デパート店員……などなど、たくさんの人に登録してもらいました。それに伴い「ロマネスク石飛と魅惑のセシボンズ」「ロマネスク石飛とアクアマリンズ」「ロマネスク石飛とアンダーグラウンドスクールメイツ」などグループも次々結成していったのですが、登録者が増えれば増えるほど、みなさんの本業との間の調整が大変で。

TOBI ご自身は倒産スパイラルの真っただ中なのにね。

メインボーカルであるぼくがバック・コーラスさんの日程調整に汲々となり、ライブも満足にできなくなって、そもそも何がしたかったのかわからなくなりました。やがて、就職面接をこなしながらの扮装ライブは限界を迎えました。

TOBI そうでしょう。

そこで、ある日のステージを最後に「これ以上、ぼくに期待しないでください。期待されたら、また出てしまいます」と言って静かにマイクを床に置き、フランスへと旅立つことにしたんです。

TOBI おお。

練馬区のルールにのっとり、衣装やカツラを燃えるゴミと燃えないゴミに分別して出し、すべてをかなぐり捨てて、ほとんど文無し状態でパリへ向かいました。もし、人生にリセットボタンがあるのなら、とにかく押したかったんです。でも、「人生を変えるんだ」と夢見たパリで、銀行強盗に拳銃を突きつけられたり、大西洋で漂流して干上がりそうになったりという「ひどい目」に遭うとは……。

TOBI　ははは………思ってもみませんでした。すでに、どこかで話したかもしれませんが、パリで「三行広告を打ち込むバイト」をしながら、そのように次々と「ひどい目」に遭うので、こんなにもキツいのなら日本へ帰りたい、フランスなんてもうまっぴらだと思っていたとき。

――ええ。

TOBI　届いたんですよ……「船便」が。

――船便。

TOBI　過去のぼくが、未来のぼくに宛てて発送した、あの「運命の船便」が……。

パリ捨てパリパリ捨てパリ捨て。

――パリで次々と「ひどい目」に見舞われ、もう日本へ帰りたいと打ちひしがれていた若きＴＯＢＩさんのもとへ、過去の自分から「運命の船便」が届く。中身は、いったい……。

TOBI スパンコールのジャケット、ベルベットのマント、金や蛍光緑など色とりどりのカツラや羽根飾り、純白の手袋、ピンク色の厚底ブーツ……ようするに**「ロマネスク石飛」の変身キットが、一式まるまるフルセットで。**

――え、それらは練馬区の分別ルールにのっとって、きれいサッパリ捨ててきたはずでは？

TOBI それ以外にも、古本屋に引き取ってもらえなかった『ガラスの仮面』の１巻か

ひどい目 その五

練馬で捨てたはずのステージ衣装が
なぜか船便でパリに届き
白塗りの人と何度も
共演するハメになった件。

ら41巻までの全巻、ものすごい量の筆ペンと輪ゴム、緑色の台座に載った中国の玉みたいな置き物、カロリーメイトの袋など本当にただのゴミ……。練馬でサヨナラしたはずのみんなが、ゴッソリ船に乗ってパリまでやってきたんです。「来ちゃった……♡」って感じで。

TOBI ……なぜですか。

当時のすさみきった精神状態をあらわすように、練馬のぼくの部屋には、ものすごい量の必要品と不要品とがミルフィーユ状に、地層をなしていました。旅立ちにあたり、部屋を引き払うためには、それらの品々を、じっくり考える間もなく、高速で分別しなければならなかったんです。

TOBI はははあ。

「**パリ**」「**捨て**」「**パリ**」「**捨て**」「**パリ**」「**パリ**」「**捨て**」……のようにして。

TOBI つまり、その分別作業のときに「捨て」が「パリ」にまぎれ込んだ……と?

そう、パリへ持っていくものは「愛媛みかん」「熊本すいか」の段ボールへ、練馬で捨てていくものは「東京都指定の半透明のゴミ袋」へ、はやてのように放り込んでいったのですが、どこかで「パリ」と「捨て」がこんがらがったんでしょう。

—— じゃあ、必要なのに捨ててしまったものも。

TOBI あったかもしれません。もはやわかりません。ともあれ、パリに来てから数カ月後、ごていねいに「天地無用」のシールを貼り付けた「大量のゴミ」が、届けられたんです。

—— 「パリもういいわ」というタイミングで。

TOBI そう、半分くらいはゴミの入った段ボール6箱と大きな衣装ケースひとつが……ね。

—— 数ヶ月の時間と、安くない船賃をかけて。

TOBI フランスでは、宅配便が自宅に届くことは滅多にないので、郵便局まで引き取りに行きました。バスで。

—— バス……で行ったら、バスで帰ってこなければならないのでは？

TOBI 相変わらず冴えてますね。そのとおりです。予想をはるかに越える量の荷物だったので、タクシーも頼めなかったんです。郵便局からバス停まで、7往復しました。バス停でバスに載せるのも、大変でした。

ひどい目 その五

練馬で捨てたはずのステージ衣装が
なぜか船便でパリに届き
白塗りの人と何度も
共演するハメになった件。

TOBI

なにせ「6箱+衣装ケース」ですもんね。

季節は夏の暑い盛りで、汗だくになりながら、下車したバス停からアパルトマンのエントランスへも7往復。そしてエントランスから5階の自室まで、トドメの階段7往復……。

TOBI

そのうち「3・5往復ぶん」は「ゴミ」ですからね。

郵便局からアパルトマンまでの道すがら、白髪で品の良いおばあさんと、どういうわけだか、ずうっと一緒だったんです。

TOBI

ほう。

おばあさんは歩くスピードが遅いので、何度も追い抜いては、何度もすれ違うんですよ。はじめは怪訝そうな顔をするだけでしたが、だんだん、すれ違いざまに「ため息」や「舌打ち」が聞こえ出し、最終的に同じアパルトマンの住人だとわかった瞬間に、「アンタ何してんの!?」と激怒されました。玄関に積み上げられた、7つの荷物を前にね。

わからなくもない、その気持ち……。

TOBI

部屋にたどり着いたころには、心も身体もゲッソリしていたのですが、しぶしぶ荷解きをはじめました。すると、驚いたことに、6箱の段ボールと大きな衣装ケースの中身を部屋に広げた瞬間……。

——ええ。

TOBI **そこに「練馬の1K」が出現したんです。**

——なんと！

TOBI 夢かと思いました。悪いほうの。「麗しのパリのアパルトマン」が「懐かしの練馬の1K」に早変わり。ギンギラギンの衣装をはじめ、相当パンチの効いた中身だったんでしょうね。「パリを練馬に変えてしまう」ほどですから。

——

TOBI 練馬時代へタイム・スリップしたショックから立ち直れないまま、ぼくは、フリーペーパーに三行広告を打ち込むバイトへ向かいました。すると——ここは、以前にお話ししたことがある箇所なので流れを端折りますが——「急募：歌を歌ってくれる人」「急募：ちょっとステージに立ってくれる人」という広告を出した人から電話があり、集金の件などを話していると「まだ応募がないのよ、あなた歌えない？」と。

——おかしな展開ですよね。

TOBI ええ、相当おかしな展開なんですけど、ちょうど衣装が届いたタイミングだったので運命的なものを感じている自分がいました。

TOBI
……ええ。

TOBI
受話器を置き、誘われるがまま、そのオオタニさんという女性の元へ向かうと、そこは日本語学校だったんです。
日本語や日本の文化を教える場に、レ・ロマネスク。いいぞ、オオタニさん！　なんでも毎年秋にフェスティバルをやっていて、「今年のオープニングを飾るような、フレッシュなアーティストを探しているの」と。気付くとぼくは、打ち明けていました。「じつは今朝、捨てたはずの衣装が送られてきたんです」と。

TOBI
そしたら……？

TOBI
「え、本当？　今朝？　信じられない！　ただの偶然だとは思えない！　もう、あなたに絶対出てほしい！」と。
オオタニさんのハートに着火。

TOBI
最終的にオオタニさんは「**出てよ！　出なさいよ！　この意気地なし！**」くらいの勢いになって来たので、仕方なく詳細を聞くと、フェスのオープニングアクト3組の一発目で、持ち時間は30分、チケットのノルマもなし、とのこと。
ははあ。

TOBI　お願いされたら、こちらも気が弱いですから、「出てもいいかな」という気持ちに傾いてきたんですけど、その人、「いまここで即答してくれ」って言うんです。

――そのパターン、まさか。

TOBI　そう、あとから聞いたんですけど、その日が、**パンフレットの印刷の締め切り**で、どうしてもあとひとりねじ込む必要があったらしいんです。

――パリでもやっぱり、ハメコミ・キャラ……。

TOBI　届いたパンフレットには「歌って踊れるソロパフォーマー・イシティービー」とぼやけた顔写真入りで紹介されていました。でも、それより何より、他の出演者に、度肝を抜かれたんです。白塗りで、よだれを垂らした舞踏の男性とか、乳首の透けたネグリジェ姿でカッと目を見開き、手には呪いの人形のようなものを持ったモダンダンスの女性とか……。

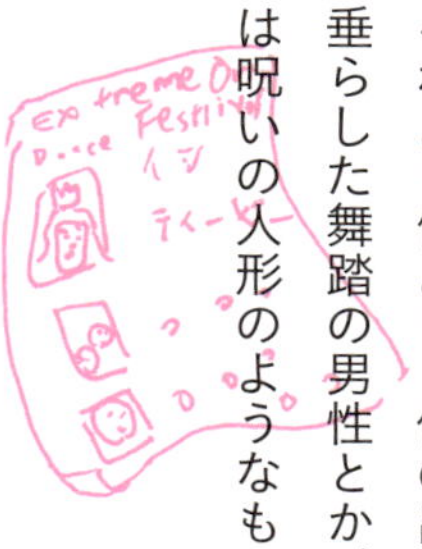

――どんなフェスですか。それ。

TOBI　正式名称は「Extreme Oriental Dance Festival」でした。

――極東ダンスフェスティバル？　それともエクストリームなオリエンタルダンスフェス？

ひどい目 その五

練馬で捨てたはずのステージ衣装が
なぜか船便でパリに届き
白塗りの人と何度も
共演するハメになった件。

TOBI　どっちにしても、まったく場違いなんです。すごく浮いてて。共通点がひとつもないじゃないですか。全員が日本人であること以外に、何ひとつ。

――まあ。

TOBI　そもそも、世界観がバラバラでしょ？　全身を白く塗って、よだれを垂らし、プルプル震えながら舞台の端から端まで30分かけて移動する人と、フランス貴族の末裔ですと言いながら金のカツラに王冠を載せて、ニッコリ微笑んでいるぼくとでは、ぜんぜん。

――いま、全国の読者の声を代弁するなら「TOBIさんが言うほど、違和感あるかな？」じゃないかと思います。

TOBI　えっ。

――通りすがりの人にしてみたら「半裸や、薄い生地のネグリジェや、白やピンク色の人がいて、全体的に〈Extreme〉な感じのする、バラエティ豊かな出演陣」と思うんじゃないでしょうか、正直。

TOBI　そうか……たしかに、そうかもしれない。自分だって顔、白塗りだったし……。

――ちなみにTOBIさん、ソロ出演だったんですか？

TOBI　いえ、たったひとりは心細すぎたので、知り合いのMIYAさんにお願いし、何にも喋らなくていいし、突っ立ってるだけの簡単なお仕事ですと言って、メイドさんの格好で、ぼくの後ろに立ってもらったんです。

MIYA のちに「レ・ロマネスク」となるふたりは、そのようにして出会ったんですね。

TOBI セ・ラ・ヴィ（人生って、そんなもの）。

会場は、満席でした。「こんなにもたくさんの人たちが、ぼくらのライブを見に来てくれたのか！」と思うと、涙が出るほど感動したのですが、じつは、その大半は、会場で振る舞われる「**にぎり寿司**」**目当て**だとあとからわかりました。

ステージでは、どのようなパフォーマンスを？

TOBI ロマネスク石飛の練馬時代の曲5〜6曲を演奏したはずですが、無我夢中だったので正直内容についてはあまり覚えていません。ただ、最後の曲を歌い終え深々とお辞儀をしたとき「ワーッ」という歓声に包まれたので、まずまず成功だったのかなと思い、気分よく揚々と楽屋へと引き上げたんです。

ええ。

TOBI すると、次の出番のモダンダンスの若い女が「仏頂面」と「鬼瓦面」とをパトランプみたいにくるくる高速変化させながら、めちゃくちゃ激怒していたんで

ひどい目 その五

練馬で捨てたはずのステージ衣装が
なぜか船便でパリに届き
白塗りの人と何度も
共演するハメになった件。

す。

TOBI なんでですか。

なんでも「私はこれから舞台の床を転がるんだけど、ハウスダストのアレルギー体質なので、あなたたちの衣装のスパンコールや羽根が落ちていたら思う存分転がれないじゃない。いますぐきれいに掃除してきて！」と。

TOBI そんな、気分よく帰ってきた人に対して。

そんな体質なら床など転がらないほうがいいのではとアドバイスしかけたのですが、パトランプの回転がものすごかったので、ホウキとチリトリを手に持ち、すごすごと舞台に舞い戻ったんです。

TOBI 王子さまの格好のままで。

当初、会場は「何だ何だ？」という反応でザワザワしていたんですが、ぼくが片膝をついて舞台の清掃をはじめると、なぜかジワジワとウケはじめました。そして、最後のチリをチリトリに収めたあと、もういちどご挨拶をと「メルシ・ボクー」と深くお辞儀をした途端、係員が照明をパッと消したんです。

TOBI お、おお。

その瞬間、会場に割れんばかりの歓声が沸き起こったんです。暗闇の中、ホウキとチリトリを手にしてぽかーんとしているぼくを、本番以上の猛烈な拍手喝采が包んだんです。

TOBI　つまり……。

そこまで含めて「作品」と思われたんですよ。日本人の演じるフランス貴族が、最後は落ちぶれて舞台を清掃するだなんて、なんたる皮肉、なんたるユーモア、こんなアートパフォーマンスははじめてだ……と過大評価されたんです。思えばそれが、レ・ロマネスクの記念すべき第1回パリ公演。

TOBI　そうなんです。

第2回パリ（不法）公演。

「本人が舞台の清掃をさせられる」という屈辱的な「ひどい目」から一転、逆

転ホームラン的に、レ・ロマネスクの記念すべき第1回パリ公演は、大成功に終わったってことですね。

TOBI 結果的には、そうとも言えるのですが……。知り合いから紹介されたパリの有閑マダムに鼻で笑われながら添削してもらったフランス語の歌詞を必死に丸暗記して歌った身としては、本番とは関係ない「清掃作業」を高く評価され、複雑な気持ちになりました。

―― でも、パトランプ女はさぞ悔しがったでしょう。

TOBI いえ、大歓声に包まれながら楽屋へ戻ると「股割り」というんでしょうか、バレリーナがよくやる、あの、両足を真一文字に開いた状態のまま「これから30分間、わたしは無音で、黙って床を転がるから、楽屋では絶対に物音を立てないで」と命令してくるんです。こんどは、表情筋ひとつ動かさずに。

―― 手強い相手ですね。

TOBI 金色のカツラや羽根飾りを外したりするとき、シャラシャラ、カサカサと耳障りな音がするはずだと踏んだんでしょう。実際しますしね。

―― で、どうしたんですか。

TOBI ロウ人形のようにピクリとも動かず、ジッと息を潜めているわけにもいかないので、誰もいない1階のロビーへ、逃げるように。すると、そこにはすでに大きな寿司桶が、用意されていました。

TOBI ―― みんなの目当ての「にぎり寿司」だ。

ライブ終わりで空腹を覚えていたぼくは、待ち切れずに、寿司桶の真ん前に陣取って、どの順番で食べようかなとあれこれシミュレーションしていると、背後のトイレの扉がバーンと開き、奥から、**ふんどし一丁で全身を白く塗った男**が飛び出してきたんです。

TOBI ―― あ、もうひとりの共演者の人？

彼は「白、塗りたて」で、一歩を踏み出すたびに、アゴや両手の指先、ふんどしの「金」を覆っている部分の先端などから、白い汁をポタポタしたたらせ、薄ら笑いを浮かべ、つま先立ちで軽やかにスキップしながらこちらへ近づいてきます。

TOBI ―― 怖すぎませんか。

天ぷらコロモにくぐらせた巨大なムキエビ――。混乱する思考回路のなか、ぼくは、ぼんやり、そう思いました。

―― 一難去ってまた一難……。

TOBI だから、絶対そっちだけは見ないように、寿司桶に顔を突っ込んで、にぎり寿司に夢中になってるような体を必死に装っていました。

――見て見ぬフリという、賢明な判断。

TOBI ポタポタと白いコロモをしたたらせながら、エビは、ゆっくり、近づいてきます。そして、ぼくのすぐ真横に立つと、腰をかがめ、耳元で「客席が、混んでいたものですから……」とささやいたんです。

――それはつまり、「客席が混んでいて会場に入れず、しかたなく、そこのトイレに籠っていたんです」みたいな意味？

TOBI 彼との会話は、まったくかみ合いませんでした。ぼくが「苦手な寿司ネタあります？」などと当り障りのないことを聞き、彼が「母体へと還る……胎内回帰願望」とか何とか暗号のようなことをつぶやき、そうやって、まったく会話がかみ合わない間じゅう、汁はポタポタしたたり続け、ぼくのピンクのタイツを白く濡らしていく……。

――その光景全体がホラーです。

TOBI やがて、パトランプの床転がりが終わり、15分の休憩時間になると、地下の会場から、オーディエンスのみなさんがドヤドヤと上がってきました。

TOBI にぎり寿司を目がけて。

――基本、日本語学校の生徒さんたちでしたから日本語が喋りたいんでしょう、彼らはぼくに、気さくに話しかけてきました。「王子サンの歌、最高だったヨ」「舞台清掃に、禅のスピリットを感じたヨ」「今度はフランス語でやってほしいナ」ですよね。

TOBI ……**フランス語でやってたんですよ。**

――そうこうするうちに白塗りショーの時間となり、巨大なムキエビは、再びつま先でスキップしながら、そのたびごとにコロモをポタポタ垂らしながら、地下へと降りていったのです。ちなみに最近、偶然インターネットで、彼の「その後」を発見したんですが……。

TOBI ええ。

――いまでは全身「赤塗り」になっていました。驚いたことに、その赤が、茹でたレッドロブスターみたいな赤だったんです。

TOBI つまり、本物のエビだったのかもしれないと？ そんなバカな！

――ともあれ、静寂を取り戻したロビーで晴れて自由の身となったぼくは、ひとりで寿司を食べ、ワインをたらふく飲み、30分後には、ほとんど「泥酔」状態に陥っていました。

また泥酔ですか。

TOBI

朦朧とする意識のなか、ああ……パリでいい思い出づくりができた、日本へ帰って一から出直そう、パトランプの女やムキエビ男にももう二度と会うことはあるまい……などと感慨にふけっていたら、ひとりの老人が話しかけてきたんです。妙な雰囲気をまとった、フランス人の老人がね。

ほう。

TOBI

開口一番、彼は、「君たちのパフォーマンスは、じつに素晴らしい」とぼくらを褒めたたえました。「**とくに怠惰な家政婦と、王子の舞台清掃が**」と。

そこですか。

TOBI

そして「私はリヴォリ通りに劇場を持っている者だが、来月1ヶ月間、土日の週末公演をやってくれないだろうか？」と提案してきたんです。

なんと！　スカウト？　それも1ヵ月公演……！

TOBI

リヴォリ通りと言ったら、おしゃれな若者たちの集う賑やかな繁華街。あのへんに劇場なんてあったっけと思いましたが、なにしろ泥酔中でしたから、その場で「ウイーー……ッ」と出演を承諾しました。

ひどい目 その五

練馬で捨てたはずのステージ衣装が
なぜか船便でパリに届き
白塗りの人と何度も
共演するハメになった件。

――イワツキくんの「爆笑ライブ」出演のときとまったく同じパターンですよね、それ。

TOBI 老人はベルナール氏という人で、自分でもアート表現をやっているとのことでした。その夜は、寿司とワインでしばらく歓談したあと、「いちど劇場を見に行くよ」と言って別れました。

――ええ。

TOBI 劇場主から直々にオファーを受けたので、訪問当日は、MIYAさんとふたりできちんとしたスーツを着込み、不安と期待に胸を膨らませながら、教えられた住所である「パリー区、リヴォリ通り59番地」へ行くと、なんとそこは「スクワット」……、つまり「不法占拠された建物」だったんです。

――え？

TOBI ベルナール氏は、銀行がよそへ移転したあと放置され廃墟と化していた7階建て建物の最上階の小部屋に住み着いていた老人だったんです。そして、地下のワイン貯蔵庫を勝手に改造し、そこを「自分の劇場」だと言っていたんです。

――では、レ・ロマネスクの第2回パリ公演は、まさかの「不法占拠ビルでの公演」それも1ヶ月……ひどい！

TOBI 念のため申し添えておきますけれども、その後、その建物には、世界中からアーティストがやってきて住み着き、現代アートの一大拠点となったんです。いまではパリ市に公認されパリ市に買い取られ、「**アフター・スクワット**」と呼ばれて、パリの現代アートのミュージアムのなかでも、集客数3位くらいになってるそうです。

――すごい。さすがはパリって感じの展開。

TOBI たしか「59 RIVOLI」って言うのかな。

――あ、その字面見たことある。有名ですよね？　そんなところでライブしていたなんて、「不法」とはいえ、すごいじゃないですか、TOBIさん！

TOBI でも、当時はまだ、ベルナール氏が不法占拠したてホヤホヤのとき。床とか壁とか手すりとか、やたらペンキ塗りたてでベチャベチャしてたし、芸術家なのか浮浪者なのか区別のつかない強烈な人たちばっかり住んでいました。

――黎明期というか、巣窟というか。カオスな状態だったわけですね。

TOBI なかでも「最長老」だったベルナール氏は、オブジェ作家であり、画家であり、パフォーマンス・アーティストでもあって、部屋には、針金で丸と三角と四角を表現した作品などが、ところ狭しと並べられていました。

ひどい目 その五

練馬で捨てたはずのステージ衣装が
なぜか船便でパリに届き
白塗りの人と何度も
共演するハメになった件。

—— 難解なアート表現です。

TOBI 知り合いに教わった日本語の挨拶だと言って、ベルナール氏は、「ベルチャン・テヨンデ」としきりに、話しかけてくるんです。

—— ベルチャン・テヨンデ。日本語って言うより、韓国語みたいですけど。

TOBI 「ベルチャン・テヨンデ。ベルチャン・テヨンデ」
……**ベルチャンって呼んで、**でした。

—— あ、ああ……。

TOBI でも、さすがに年上すぎて「**ベルサン**」と呼ぶことで、落ち着きました。

ベルチャン・テヨンデ

ベルチャン・テヨンデ

—— 日本人らしい、細やかな気配り。

TOBI ベルサンは「あの夜のライブを見て、強烈なインスピレーションを得ることができた。あなたたちの世界観と私の作品とで、ぜひコラボレーションしたい」と、潤んだ瞳で、熱く語りかけてきます。

—— コラボレーションと言うと?

TOBI ぼくらのライブの間に、ベルサンのアート・ユニットの表現をはさんで、3部構成の公演にしたい……と。

—— ベルサンの「アート表現」というのは?

TOBI それが、いかに幻想的で現代的であるかと、えんえん身振り手振りを交えて説明されたんですけど、まったく理解不能でした。だから、適当なところで「わかりました、それで行きましょう！」と話を打ち切ったのですが……。

――ええ。

TOBI ベルサンが、美大の女子学生と組んでいたアート・ユニットの名は「Souillure（スイユール）」と言ったんです。

――スイユール。

TOBI その場で気付くべきだったのですが、それは「穢れ」、という意味でした。しかも、これもあとからわかったことですが、彼らの「アート表現」というのは、世にもおぞましい白塗りショーだったんです。

――また白塗り……。

TOBI 公演タイトルもすでに決まっていました。というか、チラシがすでに出来上がっていたんです。

――また「印刷の都合」出演！

TOBI タイトルは「午後の王子、穢れ、深夜の王子」。チケットのノルマこそありませんでしたが、かわりにベルサンは「これこれこれだけの枚数、宣伝チラシを配れ」と要求してきました。

──そういうのを「ノルマ」というのでは……。

TOBI 「あそこへ行けば無料でワインが飲める」とか、彼は、あらゆる「無料」に敏感で「あそこへ行けば、無料でにぎり寿司にありつける」と知っていたからこそ、日本語学校のライブ会場にいたんですけど、とにかく、パリ近郊のさまざまな無料情報に精通しているんです。ぼくたちは「あそこへ行けば無料でチラシを配れる」と教えられた場所を回っては、夜な夜な宣伝チラシを配り続けました。

──ノルマ達成のためにね。

TOBI あるライブハウスでは「もし、ギャラ無しでライブをやってくれたら、無料でチラシを配っていい」と。すでに「無料」の意味がよくわからなくなっていたんですけど、言われるがままに3曲やり、歌い終えたあと「無料で」チラシを配りました。

──……はい。

TOBI しかしながら、そのライブハウスでは、お香の焚かれたような匂いが立ち籠めており、その場の全員がハイテンションもしくはローテンションで、チラシなどに目もくれません。こんなところからは一刻も早く退散しなければと足早に出口へ向かっていると、背後から、ドスの効いた日本語が聞こえてきたんです。

TOBI ――ええ。……日本語？

「何ばしょうとるんじゃ！　そりゃいかんぜよ！」

TOBI ――はい？

振り返ると、見たこともない形相をしたMIYAさんが、福岡弁・広島弁・土佐弁の猛々しい部分だけをごたまぜにしたようなインチキ方言を発していたんです。

TOBI ――……北関東のご出身でしたよね？　MIYAさんって、たしか。

あとから聞いたら、フランス語だと「あなたは、いったい何をしているのですか？」みたいなバカ丁寧な言い方しか知らなかったため、それでは「激怒」が伝わらないと、おかしな日本語でタンカを切ってしまったのだそうです。五社英雄監督『鬼龍院花子の生涯』に出てくる夏目雅子さんのセリフを、イメージしていただいたらいいかもしれません。

――あの「わては鬼政の娘じゃき、なめたらいかんぜよ！」の名シーンですか。いや、というより、いったいなぜ……。

TOBI

ええ、黒人のチビっ子が、MIYAさんの二の腕をキツくツネっていたんですよ。

午後の王子、穢れ、深夜の王子。

——レ・ロマネスクの第2回パリ公演の舞台は不法占拠された建物で、無料のチラシ配り・告知活動に駆り出された挙句、MIYAさんなど、黒人の不良少年に二の腕をキツくツネられてしまった……。

TOBI

他方で、ベルサンが地下のワイン貯蔵庫を勝手に改造した「劇場」は、おそろしいカビ臭さに満ちていました。廃墟で換気もできず、湿気がすごいんです。壁に手をつくと、ボロ

ひどい目 その五

練馬で捨てたはずのステージ衣装が
なぜか船便でパリに届き
白塗りの人と何度も
共演するハメになった件。

TOBI

ボロ剥がれ落ちてくるし。

それで「私は劇場を持っている者である」とは……。

ただ広いだけのフロアには「拾ってきた本棚を解体して再構築した」という安定性の悪いベンチが置いてあり、天井には、裸電球がふたつ下がっているだけ。

肝心の「音響設備」としては、ゴミ捨て場から拾ってきたスピーカーとアンプがスタンバイしていましたが、マイクは「なかなか捨てられていない」とのことで、ありませんでした。

TOBI

最重要アイテムですよね、それ。音楽ライブにおける。

ようやく、公演スタートの前日になって、モンマルトルの丘のガード下にマイクとマイクスタンドが捨ててあったのをベルサンが見つけてきて、はじめて、通し稽古をすることができました。朝から劇場に集まり、照明や音響や扮装などの打ち合わせを済ませ、「じゃあ明日」と帰ろうとしたら「第2部の〈穢れ〉のところ、リハーサルをやって細部を詰めておきたい」というので、見学することにしました。

TOBI

公演タイトル「午後の王子、穢れ、深夜の王子」の真ん中の部分ですね。

ぼくたちのライブを見て、ベルサンが「インスピレーションを得た」という演し物がいったいどんなものなのか興味があったのですが……驚愕しました。

TOBI
いったい……？

まず、髪の毛まで白塗りにした全裸の美大生が、忍者を捕まえるワナみたいな、なにか極太の縄でできた網に捕らえられて、天井から「宙吊り」にされ、ワナワナ震えながら「ウゥ……ウウウゥ……」と唸ってるんです。

TOBI
はあ。

全裸の白塗り美大生の身体からは、ここでもまた、天ぷらコロモのような白い液体がポタポタとしたたり落ちています。その光景はまるで「１８０度の油で揚げられる寸前のムキエビの受難、あるいは天ぷらダネの悲哀」を表現しているかのようでした。

TOBI
何かもう、テーマが深すぎて。

そこへ、白っぽい着流しのような格好をした白塗りスキンヘッドのベルサンが、客席の後方から、仰々しく登場してきます。よく見ると、その着流しのようなものは「黄ばんだ白いレースカーテン」でした。

TOBI
そのカーテン……さては「無料」ですね。

その通りです。で、その黄ばんだ白の全身に桜吹雪の動画を映写しようとしているんですが、完全に失敗していました。ただし、ユニット名の「Souillure」には「穢れ」の他に「汚れ」という意味もあるので、あるいは思惑どおりだったのかもしれません。

TOBI

わからない……。

BGMはお琴で演奏した「さくらさくら」でした。CDには図書館の貸出シールが貼ってありました。

TOBI

意地でも「無料」なんですね。

ベルサンは、エビ天女子の入った網の真下で仁王立ちとなり、白いレースカーテンをはらりと脱ぎ捨てると、今度は白いふんどし一丁となって、ニセモノの日本刀をブンブン振り回しています。

TOBI

白塗りの人は、どうして、みな、ふんどし一丁になりたがるんでしょう。

ベルサンは、ひとしきり大立ち回りをしたあと、エビ天女子の入った網を、刀で「すぱっ！」と切って落とす予定でした。

TOBI

予定？

振り回していたのはニセモノの日本刀ですから、ぜんぜん切れないんです。ベルサン的には「すぱっ！」と鮮やかに切り落としたかったんだと思いますが、まったく切れないので、しかたなく太い縄をゴリゴリやりだしたんです。

——TOBI 地道な作業ですね。

網は杭一本で天井から吊られていたんですが、囚われのエビ天女子は女性とはいえ「50キロ」はあるでしょうから、ゴリゴリやるたびにミシミシと揺れ、徐々に杭が抜けてきてしまったんでしょう。ついに、縄を切る前に杭が抜け、エビ天女子は空中で受身の姿勢をとろうにも間に合わず、背中から舞台に叩きつけられました。

——TOBI うわ。

湿った地下室全体に「ドスン」と「べチャッ」が混じったような「**ドッチャン**」という音が響き渡りました。エビ天女子はしばらく立ち上がれなくなっていましたが、意識はハッキリしており、というか猛烈に怒っており、全裸で寝転がったままカッと目を見開き「**こんな危険な演し物はゴメンだ**」と言ってベルサンとケンカしはじめたんです。

——TOBI もっともな意見だと思います。

ええ、まあ、もっともなんですけど、どうしていまになるまで、一回も試してないのかと思いました。

TOBI

その点、たしかに。

白塗りのエビ天女子は、床に打ち付けた背中や腰がよほど痛いのか、立ち上がりもせず、依然、仰向けで「気をつけ」の姿勢をしたまま両目を剥き、ふんどし一丁のベルサンに「こんなの絶対に無理！」とか、ののしるような口調で挑みかかっています。すでに落下から2時間ちかくが経過、「ぼくら、そろそろ……」とも言い出せず、結局、終電を逃してしまいました。

TOBI

なんと。

深夜2時を過ぎたあたりで、だんだん、全裸で床に横たわったまま、ふんどし一丁の白塗り老人と口論することにウンザリしてきたんでしょう、エビ天女子が妥協案を提示してきました。「じゃあ、もう、吊られてるフリをするから、アンタも切ってるフリをしてよ」と。

TOBI

どういうことですか？

頭から網をかぶった白塗りのエビ天女子が、舞台後方から天井に吊られているフリをしながら出てきて、それを、ふんどし一丁の白塗り老人が、切れない刀で「すぱっ！」と切るフリをする、という。

TOBI —— 吊られてるフリに、切ったフリ……。

TOBI —— もともとの設定もかなり意味不明でしたが、いまや、すべてが崩壊しきった演目、第2部〈穢れ〉が、ここに完成したんです。

TOBI —— それが、深夜の2時過ぎ。

TOBI —— そんなわけでしたから十分なリハもできず、翌日、ほぼ「ぶっつけ」で本番がきました。ベルサンに勝手につけられたとはいえ、第1部〈午後の王子〉というタイトルに沿って演じなければならない義務感から「肖像画に描かれた王子さまの歌謡ショー」という設定で、歌いはじめました。

TOBI —— 具体的には、どのような？

TOBI —— 額縁を両手で持って中から顔面を突き出し、そこだけにスポットライトを当て、あたかも気味の悪い肖像画が歌っているような体で「**ぼくの美貌は凶器**」という曲を。1番と2番のあいだの間奏のときに、おもむろに肖像画が額縁からヌウっと抜け出す……。

TOBI —— 不気味です。子どもを泣かすのに充分なほど。

TOBI —— 裸電球がふたつだけの照明ですから、客席のようすはよくわからなかったのですが、1番から盛り上がっている雰囲気でした。２番、満を持して額縁から出ていこうと、顔面を前方へ付き出した瞬間……。

―― ええ。

TOBI **ドーーーーーーーーーーン！**　……と、マイクが火を噴いたんです。

―― ええ？

TOBI ぼくの鼻先数ミリのところでマイクが爆発、バチバチバチーーーッという感じで炎がケーブルを這っていきました。劇場の危機を察したのか、黄ばんだカーテンにくるまれた白塗り坊主が、網をかぶった白塗り女学生をともなって、猛然と奥から踊り出てきて、燃え盛る火を踏みつけて消そうとしたのですが、ふたりとも裸足なのを忘れていたのか「**熱ッ、熱ッ！**」と、盛んに飛び跳ねています。

―― それじゃまるでエビ天じゃないですか。

TOBI しかたがないので、金の額縁から顔面を付き出したままのぼくとアシスタントのＭＩＹＡさんが、手分けして厚底ブーツで鎮火していきました。ステージから完全に火が消えた瞬間、会場からは、大きな拍手が沸き起こりました。

―― 清掃作業の次は、鎮火作業で大絶賛……。

TOBI　ただし、マイクやアンプ、スピーカーなど音響系がすべてダメになってしまい、ライブを続けることは困難となりました。

――そんな、1曲目の途中で？

TOBI　あれだけ必死にチラシ配りをし、MIYAさんなど二の腕をツネられながら無料告知したのに、あとにも先にもレ・ロマネスク史上最短記録となる、わずか「**1分20秒**」で、ぼくらの公演初日は幕を下ろしたんです。

――本当に、おつかれさまです。

TOBI　翌日からは、もう捨てられた機材を探しに行っている時間もないので、結局、ぼくらが自腹でマイクとマイクスタンドとケーブルを購入し、アンプとスピーカーは白塗りのエビ天女子の私物を貸してもらって、残りの公演をやり切りました。

――じゃあ、その後はトラブルもなく、ぶじに？

TOBI　ぶじに……そうですね、落下事故や爆発事故などは起きませんでしたが、たとえば「ここは、顔面を照らしてほしい」という場面で、照明係がパッと照明を消したりするんですよ。

練馬で捨てたはずのステージ衣装が
なぜか船便でパリに届き
白塗りの人と何度も
共演するハメになった件。

──そのことについては以前、聞いたことがあります。「いいと思った」ってやつですよね?

TOBI そう、音響係も「3曲目の最後がちょっと長いから、短くしたほうがいいと思った」とかって言って、勝手にフェイドアウトしたりする。

──さすがは芸術の都パリ、それぞれの係員が「自分のアート表現」をしてしまうと。

TOBI ですから、「君のアート表現は、きちんと最後まで顔面を照らしてからやってくれ」と、キツく釘を刺しておく必要がありました。

──そういう細かい苦労がチョイチョイあったと。

TOBI アンコール用の「銀のカツラ」が盗難に遭い、カツラ街へ走ったこともあったし。

──え、楽屋泥棒?

TOBI 開演直前、どこをさがしても見当たらないので、バスに飛び乗り、慌てて買いに行ったんです。そしたら、リヴォリ通りの端っこのあたりで、見慣れた「銀のカツラ」が街路樹の枝に引っ掛かってプラプラしていて。

──そこで「やっぱいらない」と思ったんですかね。楽屋泥棒の人も。

TOBI ふと冷静になったら「まったく使いようがない」ってことに気付いたんでしょう。ぼくは、すぐさまバスを降り、そよ風に揺られる銀のカツラをピックアップし、全速力で劇場へ取って返しました。

――銀のカツラを手にパリの目抜き通りを激走する、厚底ブーツで全身ピンクの王子さま……。

TOBI そんな感じで、いろいろさんざんだったのですが、公演自体は大盛況で、**4公演が追加**となりました。

――え、よかったじゃないですか。

TOBI いえ、ぼくらとしては、キツい公演の終了を2週間も引き伸ばされて、すべて終わったときには、心身ともに激しく疲労していたんです。

――〈穢れ〉のようなものを、毎週末ごとに見せられたら……そうでしょうね。

TOBI ともあれ、これら一連のできごと以来、今でも、エビ天丼のフタを開けた瞬間に、あの白塗りの人たちの顔がいなずまのようにフラッシュバックするほど。ムキエビ男、白塗り女学生、白塗り老人。都合3名の「白塗り」と、それだけステージをともにすればね。

MIYA ……Mais, J'adore EBITEN♡（……でも、エビ天は好き♡）

ひどい目
その五

練馬で捨てたはずのステージ衣装が
なぜか船便でパリに届き
白塗りの人と何度も
共演するハメになった件。

TOBI

そして、このスクワット公演のすぐあとに、レ・ロマネスクの「ひどい目」史にドンヨリと垂れ込める「地獄の4ケ月公演」がスタート、まさかの「観客0人」なども経験するんですが、長くなりましたので、そのあたりのお話は、また別の機会にでも。

――わかりました。楽しみにしています。ちなみにベルサンは、その後……?

TOBI

風のうわさで「行方不明」と聞いています。

――さすがはパリの前衛アーティスト。

TOBI

もしもあなたが、スーパーの試食コーナーや、無料Wi-Fiスポットなどで「ふんどし一丁の白塗り老人」を見かけたら……それは、ベルサンかもしれません。決して、後をついていってはいけませんよ……。

（ひどい目その六へつづく）

▼スウェーデンで、FtoM（生物上は女性だが、精神的には男性の自覚があり男性として生活）でかつパートナーもFtoMというカップル

（見た目は男性同士）しか入場できないパーティでライブ。筋骨隆々な「女性」ばかり300人の中で、自分の平凡さを痛感。

ひどい目

その六

パリの冬が寒すぎたばっかりに、
なぜかフルマラソンに出場するハメになり、
夜な夜な薪（たきぎ）を求めて
極寒のパリの街を徘徊することになった件。

寝るために。

——今回の「ひどい目」は、そんな気ないのに、なぜかフルマラソンに出場するハメになり、さらには夜な夜な薪を求めてパリの街を徘徊することなった件……とのこと。

TOBI そのすべての根源には**「寒い」**があります。

——寒い？

TOBI パリって街はね……寒いんですよ……。

——知ってますよ。みなさん、そう言いますよね。

TOBI ……………（能面のような無表情）。

——いや、ええと、つまり、何でしょう、「寒い」だけでしたら、あまりに「ふつうのこと」と言いますか。

TOBI あなたみたいな温暖湿潤気候ボケした人間こそ、あのパリの地獄の寒さを、もうイヤ勘弁してというほど味わえばいいのに！

TOBI
はははあ。

たしかに「寒さ」は万人に平等でしょう。しかしながら、今からお聞かせするのは、パリの「寒さ」が嵩じて、そんな気ないのに、なぜかフルマラソンに出場するハメになり、それはかりか、夜な夜な薪を求めて極寒のパリの街を徘徊することになった哀れな日本人のお話……。

TOBI
ご自分のことですよね。

よく「パリ的おしゃれ生活！」を紹介した本や雑誌の記事には「パリのアパルトマンというのは、そのほとんどがセントラル・ヒーティングを完備しており、真冬でもパンツ一丁で過ごせるほど。そう、そこは……暖房が愛を育む街、パリ」などと書いてあるんです。

TOBI
ようするに「冬でも部屋では薄着」が、パリジャン・パリジェンヌのおしゃれなライフスタイルである、と。

ぼくは、そのような記事を鵜呑みにして、あやうく凍え死にかけたんです。「**自分のアパルトマンの部屋の中」でね。**

TOBI
それは、どのアパルトマンですか？　いくつか変わってますよね、住んでると

ひどい目
その六

パリの冬が寒すぎたばっかりに、
なぜかフルマラソンに出場するハメになり、
夜な夜な薪を求めて
極寒のパリの街を徘徊することになった件。

こ。

TOBI ニジンスキーのアパルトマンです。

――ニジンスキーのアパルトマンといえば、「亡命ロシア人であるレジーナ・ニジンスキーから借りた築400年のアパルトマンで、とつぜん壁の電話回線が火を噴き、中から盗聴器が出てきた」という、いわくつきのアパルトマンですね。

TOBI はい。

――さらに言うなら「深夜に上の階の汚水が溢れ出し、各種洗剤と油と生ゴミに浸かりながら7日間を過ごし、すっかりゾンビ化したところで、8日目、ゾンビ役でステージに立つや割れんばかりの拍手喝采を浴びた」という、あの伝説のアパルトマンですね。

TOBI そうです。ようするに今回は**「ニジンスキー三部作」の最終章**なんです。

――それは……にわかに期待が高まりました。

TOBI これまで、とくに話題にのぼらなかったので強調しませんでしたが、ニジンスキーから借りたアパルトマンって、信じられないほど寒かったんです。

――そんなにですか。

TOBI 窓という窓がすべて北向きだったために、まったく陽の光が差さず、築400

年を経た窓枠はところどころ歪み、冷たい風が容赦なく侵入してくる。雪が降ったら窓辺の床にうっすらと白いものが積もりますし、吐く息は、四六時中、真っ白……。

TOBI

ほとんど「外」ですね、そこ。

TOBI

気付けば、まつ毛も凍ってる。

登山家ですか。

TOBI

寒さで勝手に涙がにじんでくるんですが、放っておくと、凍りついてマブタが閉じられなくなり、まるで、**歌舞伎役者が見得を切ったような顔**になってしまうんです。

カチン コチン
サムイ

文明社会の話というのが驚きです。チョモランマじゃなく。

TOBI

ですから、部屋にいるときは、常時「まばたき」を強いられるんです。お風呂あがりにモタモタしていると命取りになります。タオルで拭いきれず、身体に付着した水滴が凍り出すために、頭をブルブル振り、手足をバタつかせ……。

濡れそぼった犬のように。

TOBI

石造りの建築物は「保冷性」が抜群で、壁も床も氷のように冷たく、常に氷点下に保たれ、生物の心と身体を、芯から冷やします。あるときは、リビングの温度計の針が「**マイナス10度**」の目盛りを……。

死ぬ！

TOBI　レシピ本に「バターを室温に戻してください」と書いてあっても、けっして室温に戻してはいけませんよ。**室温に戻したバターは鈍器と化します。**

事件が迷宮入りになってしまいますね。

TOBI　それもこれも、ニジンスキーのアパルトマンがセントラル・ヒーティングを備えていなかったこと、これがすべての元凶。

なるほど……。

TOBI　暖房器具はといえば、ニジンスキーが置き去りにしていった、昭和の苦学生の4畳半にあるような、あの、フンワリした風を出す、温風機。

そんなものでは「焼け石に水」ならぬ、「チョモランマにそよ風」ですね。

TOBI　夏に入居したので、しばらく問題を先送りにしていたのですが、部屋の中に初霜が降りた日の朝、「これは、さすがにヤバイ。命が危ない」と。取付け工事の要る大型家電を買うときには大家の承認が必要だったので、アメリカのニジンスキーにメールしました。

すると？

TOBI「え？　何？　寒い？　なんで？　そんなこと、一度も思ったことないわよ」と。なにしろ彼女は、旧ソビエト連邦から猛吹雪の中を裸足で亡命してきたような人ですから。

TOBI――風雪が凌げるだけマシだと思え、と。

TOBI階下に誰か住んでいれば暖かい空気も上がってきたんでしょうが、下の部屋は前年の冬におじいさんが孤独死して以来、ずっと空き部屋でした。

――まさか、凍死……!?

TOBIその可能性も捨てきれないと思っています。そんなわけで、階下の暖気を頼るどころか、「**冷気**」が這い上がってくるほど。

――死んだおじいさんのね。

TOBI寝るときがいちばん寒いので、毎晩毎晩、毛糸のニット帽を目深に被り、厚手のマフラーを巻いて手袋をはめ、コートまで着込んでベッドに入るんですが、ウトウトしはじめるや、耳元で「**寝たら死ぬぞ、寝たら死ぬぞ**」と……。

――本能のレッド・アラートが鳴り響くベッド。

TOBI秋が終わるまで、どうにか凌いだんですが、こんなところで冬は越せない、いっそ部屋を引き払い、陽の当たる「路上」に引っ越そうかと思いはじめた矢先……。

——ええ。

TOBI 見つけたんですよ。

——何を？

TOBI **「暖炉」**を。

——はい？

TOBI いや、正確に言うなら、それまでずっと目には入ってたんです。そこに、それがある、ということはね。

——はあ。

TOBI そこに暖炉がある、ということ自体は、ビジュアル情報としては知ってたんですが、「暖炉」と「暖房器具」が、イコールでつながらなかったんです。

——つまり「おフランスのおしゃれインテリア」だとしか認識していなかったと？

TOBI まさか、暖炉で暖を取ればいいなどとは、思いもつかなかったんです。真冬の一歩手前に至るまでね……ははは。

——ああ、哀しき日本の一般庶民よ。

TOBI ともあれ、その日、あのアパルトマンに一筋の光明が差しました。ぼくは、すぐさま、階下の管理人室に「ねえ、ねえ、ねえ、ねえ！　暖炉、暖炉、暖炉、暖炉！　暖炉って、どうやって使うの？」と、歓喜の表情で駆け込んだのです。目に浮かびます。

TOBI　すると……ぼくが全身からあふれさせている「心の奥底からの震えるようなよろこび」などどこ吹く風、郵便ポストのホコリをパタパタ払いながら、管理人さんは、こちらに目を合わせようともせず「**その申し込みは、もう終わったから**」と。

申し込み？　……が、必要なんですか？

TOBI　なんでも「暖炉」というものは、煙突を掃除しないと使ってはいけないそうなんです。法律で。だから、本格的な冬が到来する前に、アパルトマン単位で煙突掃除屋さんを雇うらしいんですけど、掃除はすでにひと月前に終わっており、「来年の冬まで待って」と。

せっかく暖炉が暖房器具だと気付いたのに！

TOBI　そんなわけで、その冬は、暖炉を暖房として使うことができず……。

インテリアとして楽しんだ、と。

TOBI　仕方がないので、部屋の中央に毛足の長いじゅうたんを敷き、四方をダンボールとタンスなどの家具でグルリと取り囲んだ狭い空間を構築したんです。

——またしても、家の中で家をなくした人が、ここに。

TOBI 壁を二重構造にし、そのすき間に新聞紙を丸めて詰め込んだ渾身の「ダンボールハウス」は、予想以上にあたたかく、これで死なずにすむと思えるほどでした。しかし、真冬がピークを迎えるころには、本当に寒さで寝ていられなくなり、そういうときは真夜中、街を走って凌いでいたんです。

——つまり「寝るために走っていた」と。

TOBI そう、もうこれ以上ないというほど寒い日の夜に限ってパリ中を走りまわり、疲れ果てて家にたどりつき、コートやマフラーやニット帽を着込んでダンボールハウスに潜り込む……。そんな生活をしばらく続けていたら、いつの間にか、夜勤の警察官が怪しい目でぼくを見るようになって。

——無理もないでしょう。事情を知らなければ「ザ・不審者」です。

TOBI そこで、カモフラージュするために、マラソン用の蛍光色のジャージの上下と、キャップと、黒いモモヒキみたいなやつと、ジョギング靴とを、買いそろえました。

――つまり……寝るために。

TOBI そうです。寝るために、です。で、こまかい説明を抜きにしますと、そうこうするうちに、**「フルマラソンの大会」に出ることになってしまったん**です。

――そこが、今回の大きなミステリーです。寝るために走っていた人が、なぜ……。

TOBI そう、寝るために走っていただけなのに、なぜかフルマラソンの大会に出場することになってしまったんですよ。

ひどい目 その六

パリの冬が寒すぎたばっかりに、
なぜかフルマラソンに出場するハメになり、
夜な夜な薪を求めて
極寒のパリの街を徘徊することになった件。

1万4000人に抜かれて。

——寒すぎて寝られないから真夜中のパリを走っていただけの人が、なぜ「フルマラソンの大会」に出場しなければならないのでしょうか。

TOBI　ぼくと同じような時間帯に、パリの街を走っている人がいたんです。健康のためや美容のため、そして何より、**ランを愛しているため。**

——「寝るため」などでは、断じてなく。

TOBI　ぼくは、いつも寒さに耐え切れなくなる深夜0時ごろに走りはじめるんですが、セーヌ川のほとりを何往復もしていると、そういうランナーたちと、何度も顔を合わせることになるんです。

——で、いつしか挨拶を交わすように？

TOBI そう、ぼくにとっては軍隊のサバイバル訓練みたいなものだったのですが、彼らにしてみたら、まさか寒さに耐え切れず走っているとは思ってもみませんから、「おお、同じ志のもとに、寒さも厭わず夜を走り抜ける我が友よ」と、気さくに話しかけてくるんです。

―― 固い絆で結ばれた戦友よ、と。

TOBI そのなかに「ローラン」という、フランスの北のほうの田舎町の出身の、まだ24歳で証券会社に入社したばかりの、初々しい若者がいたんです。

―― 深夜ランという名の戦場の、新人さん。さしずめ「ローラン二等兵」というわけですね。

TOBI そう、彼は都会生活の不安をジョギングによって解消しているのだと、ぼくのことを、すっかりラン好き仲間だ、戦友だと思い込み、目を輝かせながら語るのでした。彼のマラソンにたいする純粋な気持ち、走っているときの笑顔を前にすると「**自分は寒くて寝られないから走ってるだけで、本当は走るのなんて大嫌いなんだ**」とは口が裂けても言えませんでした。

―― マラソン嫌いなんですか。積極的に好きじゃないんだろうなあとは思ってましたけど、嫌いなんだ。

TOBI 嫌いですよ、あんなもの。走る以外にやることなくて退屈なんです。

——そりゃ、マラソンですから。

TOBI あれは……やはり寒くて眠れなかった夜。いつものように、ラン後にローランと雑談していると、少し行ったところに「ランナーの集うカフェ」があるらしい、今から行ってみないか、と。

——ええ。

TOBI 一刻もはやく帰って眠りたかったので渋っていたのですが、ローランがあまりに熱心に誘うものだから断りきれず行くことにしました。店に入ると、色とりどりのジャージを着た夜光虫のようなランナーが大勢、**「ランを愛する者に悪人なし、嘘つきなし」**と話しています。

——「嘘つきなし」……。

TOBI しかたがないので、ぼくも調子を合わせ「うんうん、わかるわかる！　マラソンって人生そのものだよねー」と適当な嘘をついていると、その場がどんどん盛り上がっていって。しまいには、誰からともなく「次のパリマラソンのインターネット受付がはじまったから、ここにいる全員で、いまいっしょにエントリーしようぜ！」と提案が上がり、ぼくを除くその場の全員が「いいね！　うおおおお！」と。

TOBI 光る虫たちが一斉に光る羽根をバタつかせて。

しかも、直前に行われるハーフマラソンに出場すると、抽選なしでフルマラソンに出場できるシステムなので、とうぜんハーフにもエントリーする、という流れになったのです。

TOBI 寝るために走っているだけの人にとっては、じつに、ありがた迷惑なシステム……。

まわりの光る虫たちは「よーしみんな、さっそく今から猛練習だ！」「各自あと10キロ走り込んでから帰るべし！」などと気勢を上げています。隣のローランも「TOBIにだけは、絶対に負けないぞ～」とか言って。

TOBI ライバル心むきだしで。同じ二等兵どうし。

ぼくは、ローランに勝とうが負けようが、正直どっちでもよかったので……。

TOBI そもそも「寝るため」ですもんね。

次の日からは、できるだけがんばって夜更かしをして早朝に走るようにし、身体を温めるという目的を果たしたらそそくさと帰宅して、なるべく彼らと会わないようにしていました。

うおおおお！

——はい。

TOBI　そうこうするうちに、ハーフマラソンの当日がやってきました。すっかり夜更かしグセがついて、その朝も寝過ごしてしまったぼくは、顔も洗わずに家を出て、スタート地点の近くに停まるバスの中で、持ってきたバナナを2本、食べました。

——遠足ですか。

TOBI　そんな寝ボケ頭のぼくには、「1万5000人が同じ方向に向かって走る」ことの恐ろしさが、まだ想像できていなかったんです。

——え、参加者って、そんなに？

TOBI　加えてマラソン大会のスタート地点では「タイム順に選手が並んでいる」という一般常識すら知りませんでした。

——実業団の招待選手とか大学駅伝の人とか、速い人ほど、列の前のほうでジリジリとスタートを待っていますよね。

TOBI　今から思えば「趣味のランナー」は1万人目くらいに、**「寝るために走っている人」は1万5000人目くらいに、**つまり、地下鉄で言えば3駅くらい後方の最後尾に並ぶべきだったんです。

パリの冬が寒すぎたばっかりに、
なぜかフルマラソンに出場するハメになり、
夜な夜な薪を求めて
極寒のパリの街を徘徊することになった件。

TOBI

ええ。

でも、そのあたりの事情を知らないぼくは、後ろのほうからスタートすれば、そのぶん走る距離も長くなると思い、並み居るランナーたちの大群をかきわけて、前へ前へと進み出て行きました。最終的に、ぼくが陣取ったのは前から50人目くらい、列でいうと3列目。

TOBI

そこは、完全に「勝負しに来た人」の「戦場」ですね。

ぼくのまわりには、ウケ狙いのコスプレランナーなど皆無。髪の毛、すね毛、脇毛、まゆ毛、鼻毛、耳毛を逆立てて、全身の穴という穴、毛穴という毛穴からシューシューと蒸気を噴き出している人ばかり。

TOBI

二等兵など存在すら許されない場所だった、と。

蒸しあがったシュウマイのようなトップ・アスリートたちにびっしり密着されて身動きが取れず、ほどけた靴ヒモを結ぶこともできません。と、とつぜん「バーン！」と音がして背中を強い力で押され、身体が前方へふっ飛んでいきました。

TOBI

スタートしたんですね、レースが。

おそろしいスピードで猪突猛進するトップ・アスリートたちに背中をどつかれ、ぼくの身体は前へ進んでいきます。背中をどつかれるたびに、身体が「ポ〜

ン!」と宙に浮くんですけど、浮いた足が着地する前に次なる「どつき」が入ります。

――ドリブルされるサッカーボールのようです。

TOBI 前後左右がギュウギュウ詰めだったため、脇へ逃れることもできません。自らの意志で「走っている」というより「**乱暴に運ばれている**」**状態。**

――その哀れな姿がクッキリ目に浮かぶのはなぜでしょうか。

TOBI そんな状態で運ばれ続けると、やがて「5キロ地点給水所」の看板が目に入り、ぼくは、猛烈な喉の渇きを覚えました。なにしろ朝から水分を摂っていなくて。

――バナナ2本のみ、ですものね。

TOBI ぼくは、あいもかわらずどつかれながら給水所へにじり寄っていき、水の入ったペットボトルに手を伸ばしました。しかし、ひとつのペットボトルに、将軍クラスのアスリートが4、5人群がるため、掴んでも力づくで奪われてしまうんです。

――ああ、哀しき二等兵、哀しき給水弱者……。

TOBI 他のランナーたちの水分補給が終わって全員が猪突猛進モードに戻るころ、ようやくペットボトルをゲットしましたが、トップアスリートの荒波のなかでは、キャップを開けることも困難でした。

生きることさえも許されない状況。

TOBI

しかも、ようやく開けたフタをコース外へ向かって放り投げたところ、**真横を走っていた鬼軍曹のようなムッシューの横っ面にスコーンと直撃してしまい、**走りながら、えんえん説教されました。ぼくは「すみません、すみません」と平謝りしながら、口をタコのようにトンがらせて中身をすすろうと身をかがめました。そこへ、これまでで最大級の激しい体当たりを喰らったのです。背後から。

……はい。

TOBI

次の瞬間、右手のペットボトルは、ドラマティックな弧を描いて宙を舞い、ミネラルウォーターを太陽の光にキラキラと煌めかせながら、スローモーションでアスファルトへ落ちていきました。

せっかく手に入れた命の水が……。

TOBI

ひとくち……せめてひとくちだけでも！　そう思ってグッと右腕を伸ばしたところ「**ピキーン！**」という音がし、左足の腿の裏側に冷たいナイフを突き立てられたような、鋭利な痛みが走ったのです。

――え、怪我？

TOBI スジを伸ばしたのか、肉離れなのか、ともあれ体勢を立て直したときには、**左のヒザが1ミリも曲がらなくなっていました。**ぼくは左のヒザをピンと伸ばしたまま、道路の脇に腰かけて、靴のヒモをようやく結び直しました。そして、目の前を流れる人の群れを、その日、はじめて眺めたのです。

――ええ。

TOBI ちいさな子どもが、走っていきます。ブラジルの国旗を身体に巻いた人が、おぼんにコップを載せたカフェの店員が、ハイヒールを履いたヒゲおやじが、乳母車に赤ん坊を乗せたシッターさんが……みんながみんな、同じゴールへ向かって、目の前を駆け抜けていくんです。そのようすを眺めていたら、人間とは、それぞれ自分なりのやりかたでゴールを目指すんだ……となぜか猛烈に感動し涙がにじんできました。悟りを開いたような気分になったんです。

――マラソン、それすなわち人生。

TOBI そして、ふたたび、まったく曲がらない左足を引きずりながらノロノロと立ち

パリの冬が寒すぎたばっかりに、
なぜかフルマラソンに出場するハメになり、
夜な夜な薪を求めて
極寒のパリの街を徘徊することになった件。

上がり、ぼくは、ぼく自身の人生のゴールへ向けて、出発したのです。

――今、頭のなかにスクール・ウォーズのテーマ曲が流れ出したのは、自分だけではないでしょう。

TOBI レースは、さらに続きます。左足を引きずりながら、ようやく10キロ地点の給水所に到着すると、ペットボトルはすでに1本も残っていませんでした。そのかわり、無料のオレンジが大量に置いてあったので、ぼくは、それを、むさぼり食いました。

――あ、そんなのもあるんだ。それって、走りながらかじるんですか?

TOBI たぶん、そうなんでしょう。全力疾走しながらオレンジを食い慣れたトップ・アスリートたちは。ま、ぼくは道ばたに腰を降ろして、ていねいに皮をむいて食べましたがね。

――もはや、どういう人なのかわからないです。

TOBI 15キロの地点にいたるや、すでに給水所は跡形もなく撤収されており、オレンジの皮しか残っていませんでした。そのころになると走っているランナーもまばらになり、どつかれることもなくなったのですが、予想だにしなかった敵が背後に現れました。

—— 誰……ですか？

TOBI **清掃車ですよ。**追いつかれると「タイムオーバー」となり、棄権となってしまう、恐怖のクルマです。

—— うわー。血も涙もない死刑執行人が、ヒタヒタと近寄ってくるかのような。

TOBI ぼくは、死にものぐるいで、逃げました。20キロ地点を越えるころには、右ヒザでも**「ピキーン！」**という音がし、両ヒザともに曲げることができない状態に陥りました。そのため、最後の1キロ強は、まるで兵隊さんが……まさしく**二等兵が行進しているようなフォーム**で、あたかも清掃車を先導するかのようにして競技場へ入り、そのままの二等兵スタイルでトラックを一周、清掃車とほとんど同時にゴールしました。完走した人の中では、本当に最後の最後でした。

—— それって、つまり……。

TOBI ええ。**正真正銘の「ビリ」だったんです。**

ビリというのは、なれるものなんですね……。

TOBI およそ1000人が途中で諦めたり、清掃車に追いつかれて棄権したりしたので、ぼくは結局1万4000人くらいの人に抜かれたことになります。なにせ

「後ろ向きで走っている人」にも、「腰の曲がった老婆」にも、追い抜かれていきましたからね、ははは……。

――

トップ集団からスタートしただけにね。かつて、それほど多くの人に追い抜かれたランナーがいたでしょうか。

TOBI

ゴールのあと、ぼくは「完走おめでとう！」と書かれたメダルを首にかけられるというはずかしめを受け、絶望的な挫折感を味わっていたのですが……。

――

ええ。

TOBI

そのうちに、これは「架空のドン底」であって、けっして「人生のドン底」ではないと気が付いたんです。「きっと、神さまが、この先の辛い人生を乗り越えてゆくためにドン底を体験させてくれたに、ちがいない！　ローランに感謝だ、ニジンスキーに感謝だ！　寒いのサイコー、ビバ極寒！　イエー……！」

――

完全にバッド・トリップしてしまったと。

TOBI

そうなんです。

TOBIは街へ柴刈りに。

――そもそも「寒い」からはじまったお話でしたが。

TOBI ええ。

――それがいつしか、本気のマラソン大会に出るハメとなり、両足が曲がらなくなったり、老婆をはじめとした延べ1万4000人に抜かれるなどの「ひどい目」に遭ったという話に……ああ、それでいいのか。

TOBI ひと月後のフルマラソンは、つつしんで辞退させていただきました。何というか、いろいろ無理で。

――でしょうね。

TOBI 二度とこんな目に遭わないためにも「今度の冬は、絶対に暖炉を使わなければならない」と強く自分に言い聞かせました。

――元をたどれば、そこなんですよね。暖炉が使えれば走る必要もなかったんだ。

TOBI　8月に入るや、アパルトマンの管理人に「煙突掃除のシーズンに突入したら、真っさきに掃除屋を寄越してくれ」と頼みました。

——　まだ、ぜんぜん真夏じゃないですか。

TOBI　すると10月初旬、煙突掃除のムッシューが訪ねてきて、巨大な歯間ブラシのような形状の器具で煙突の内部をゴシゴシとこすり、大量の煤を部屋中にまき散らして帰っていきました。**その所要時間、なんと2分。**

——　その2分のために、前年は「ひどい目」に遭ってたんですね。

TOBI　でも、これで走らなくてもいいと思うと、心の底から安堵しました。

——　すっかり準備万端というわけですね。「冬よ、どんと来い！」

TOBI　うれしくて、うれしくて、冬の到来が待ちきれなくなったほどです。

——　あれほど冬に怯え、実際、凍え死ぬところだった人が。

TOBI　ですから、その日のうちに、薪を求めて街へ出ました。で、とあるお店で売っていたんですが、それが目玉の飛び出るほどのお値段で。

——　へぇ。いかほどですか？

TOBI　一束5本入りで、1万円くらい。

—— 高！

TOBI あとから聞いたら、いまや一般家庭にある暖炉というのは「ガス方式」で、古式ゆかしく薪を燃やしてる人なんてのは、めったにいないそうなんです。

—— そうか、ニジンスキーのアパルトマンにはガス管が通ってなかったからこそ、セントラル・ヒーティングもなかったのか……。

TOBI そんなパリの最新暖炉事情を知らないぼくは、1万円もする薪を前に「**また走るのか**」と不安に襲われました。しかし、ともあれ、暖炉を使うつもりで部屋の模様替えまで終えていたし、しぶしぶ高い薪を買って帰ったんです。

—— 5本で1万円のセレブ薪を。

TOBI しかし、部屋に帰って、さっそく火を点けようとしたんですけど、なかなか着火しません。というのも、煙突を通ってものすごい強風が、暖炉へ逆流していたんです。

—— 風で種火が鎮火してしまう、と。

TOBI ぼくは、田舎の両親を安心させるために、暖炉の前で写真を撮って送ろうと、**おろしたての純白のバスローブを着ていたんですが……。**

—— 何をしてるんですか、何を。

TOBI あなたがたの息子は、パリの街で、バスローブを着て、暖炉の前でブランデーグラスを傾けた格好で記念写真を撮るくらい「立派な暮らし」をしているから安心してと知らせたかったんです。

―― 泣ける話ではあるけど。

TOBI ともあれ、一向に薪に火が点かないので、駅やコインランドリーでもらってきたフリーペーパーを大量にくべたら、あいかわらず、薪には着火しないのに紙だけが一気に燃えあがり、部屋中に灰が飛び散ってしまったんです。

―― ああ、せっかくの純白のバスローブが……。

TOBI そうです。察しがいいですね。煤だらけの真っ黒け。さらに、煙がモウモウと立ち上ったため、窓を開け放つしかなくなりました。

―― ……「寒い」じゃないですか、それじゃ。

TOBI 暖炉に火を点けるためには、窓を開け放った状態で作業せざるを得ず、ようやく3本のセレブ薪にチロチロと、いまにも消えそうな火が点いたときには**身体の芯から冷え切っていました。**

―― …………。

TOBI とにかく寒いんですよ。

――暖を取るために、窓を全開にしている。「寒いので寝るために走っている」のと似たような構造ですね。激しい「本末転倒感」を感じます。

TOBI　ぼくは、何ごとにおいても、人一倍、目的を見失ってしまうタイプなんです。暖を取るために暖炉に火を点けようとしていたぼくが、いつのまにか火をつけるために窓を全開にして……。

――自分自身は凍えてるわけですよね。バスローブ一枚の姿で。

TOBI　結局、その日は分厚いコートに着替えて「やったー。火が点いた～！」「やったー。3本とも燃え尽きた～！」と大よろこびして終わりました。**室温は、最後まで氷点下のままでした。**

――ともあれ、薪がそんなに高値では、その冬もまた、夜中に走ってたんですか？

TOBI　いえ、もうマラソン大会に出場するのはこりごりだったので。

――そこは……出ないように気をつければいいだけでは？

TOBI　いろいろ考えた結果、パリには街路樹がたくさん植わっているので、薪にするための小枝を拾い集めに出ることにしたんです。

――TOBIは街へ柴刈りに。

TOBI そうです、まだ昼間のあたたかいうちに、パリの街へ薪拾いに出ました。街路樹の根元に落ちている小枝を拾い集め、暖炉で燃やしてみてわかったことは……。

――ええ。

TOBI 「街路樹の根元から拾ってくる小枝には、ワンコのお小水が大量に付着している」という恐怖の方程式でした。

――恐ろしや、知られざるパリの方程式！　どうして、それがわかったんですか？

TOBI 小枝を燃やしてみたら、部屋中に「香り」が充満したんですよ。ワンコのシッコをいぶした強い香りが、**全身に絡みつくような濃度で……。**

――ううっ……。

TOBI 幻覚を伴うほどの強烈な目眩のあとに、意識が遠のいていくという体験をしました。

――山伏の修行に、そういう苦行ありますよね。

TOBI パリで薪用の小枝を拾うときには「ワンコがシッコをひっかける前」の「落ち立ての枝」を拾わなきゃいけないということが、しみじみわかったんです。

TOBI　他の誰もが参考にするのことのない、パリ暮らしの豆知識。風が吹くと小枝は落ちるのですが、ワンコが散歩する時間帯に落ちた小枝には、すぐマーキングされてしまう。そこで、試行錯誤の結果**「強い風が吹く真夜中の2時から4時」**に落ちた小枝が最適という結論に達しました。

――深夜の活動に逆戻り、しかも、もっとも底冷えのする時間帯……。再び繰り返しますが、これ、何のためにやってるかと言えば「寒さをしのぐため」ですよね？

TOBI　そうなんですけど、こっちは「落ち立ての枝を拾うこと」に、すでに目的がすり替わっていますから。

――凍えるのをわかってても、行くと。

TOBI　そんな生活を繰り返すうちに、風の音を聞き分けられるようになりました。「あぁ、これくらいの音だと、あれくらいの小枝が落ちるなぁ」って。

――以前の「水漏れ事件」の際にも、上階で蛇口をひねる音を聞き取れるようになったというし、「ひどい目」とは、人間をどんどん機能拡張していきますね。

TOBI　やがてぼくは、街路樹の小枝だけでなく、いろんなものを薪として試すようになりました。打ち捨てられたタンスを拾ってきては解体して、燃やす。壊れたイスの座面のベニヤ板を剥がしてきては、燃やす……。

――そうなるともう、暖を取ることとは別の何かに見えます。ある種の「アート行為」と言いますか。

TOBI パリでは、クリスマスを過ぎ、年が明けてお正月が終わるころになると、各家庭から「モミの木」が路上に捨てられ、翌日の早朝に回収車が集めて回るんです。

――それはつまり「前夜までクリスマスツリーだったモミの木」ですね。

TOBI 燃焼テストを繰り返した結果、「モミの木それ自体」は燃えないことが判明したのですが、モミの木の根本につけられた「**固定用の木板**」が、実によく燃えるんですよ。

――ほかの誰もが参考にするのことのない、パリ暮らしの豆知識その2……。

TOBI これを大量に集めれば、今年の冬を乗り切ることができるぞ！　そう確信したぼくは、氷点下の部屋で凍えながら、パリの市街図とにらめっこして、効率よく集められるルートを決めていったんです。

――その、よく燃える木板を集めるルートを。

TOBI　そして夜も更け、パトロールの警官に怪しまれないように、あのいまわしきジョギング姿に身を包み、目星をつけていた場所へ向かったのですが……行く場所行く場所、きれいに目当ての「木の板」が外されていたんです。

――え、木の板だけが……？

TOBI　実家に帰省するため、大きなツリーを購入しない学生たちが住むエリアではなく、14区や15区、20区など比較的ファミリー層の多く住むエリアを重点的に回ったのですが、**固定用の木板はすべて、きれいサッパリ消えていました。**

――モミの木本体を残して……ミステリー！

TOBI　つまり**「ライバル」**がいたんです。ぼくと同じように、モミの木の本体には目もくれず、モミの木の固定用の木板だけを狙って「仕事」をしている人間が……。

――なんと！　いったい何のために？

TOBI　膝から崩れ落ちるほどの衝撃でした。モミの木の固定用に使われている、あの地味で誰も気にも留めないような木板が「よく燃える」ことに、「ぼく以外の誰か」が気付いて、このパリの寒空の下、人知れず蠢いている……。

――そして、TOBIさんがにらんだ場所を、TOBIさんより一足はやく、先回りしている。どれだけすばしこく、どれだけずるがしこい人物なのか……。

TOBI　すべての木板を取られてしまっては文字どおり死活問題、凍え死んでしまいますから、ぼくは地獄のような寒さの夜のパリの街を、西へ東へ走り回りました。

——幸い、真夜中に走りまわるのは慣れっこですしね。

TOBI　見た目もジョギング姿だしね。ただ、昨冬とちがうのは、片手に「**クギ抜き**」を持っていたということ。

——不審人物感はグッとアップしてます。

TOBI　そうやってしばらく走りまわっていると、とあるアパルトマンの玄関が開き、まさしくツリーが捨てられる場面に遭遇したんです。

——獲物だ！

TOBI　そう、ぼくはいったん建物の陰に身を潜め、ようすをうかがうことにしました。するとそこへ……現れたんです。

——……誰が。

TOBI　闇の中から**小柄な老夫婦**が音もなく現れて、モミの木から、あのよく燃える木の板だけを猛スピードで外していったのです。

——敵はふたり組だったのか！

ニカッ

TOBI 見るからに人の良さそうなおじいさんが、クギを抜く係。目にも留まらぬ早業でクイックイッとクギを抜くと、優しい顔立ちで、品の良いおばあさんが、微笑みながら木板を袋に回収していく……。

―― お、おお。

TOBI ふたりは、まったく無駄のない動きで「獲物」をリュックにしまい、ついでに抜いたクギまで1本残らず回収すると、風のように去っていったんです。

―― プロの仕事ですね。

TOBI その間、老夫婦は「**終始、無言**」でした。彼らの美しいお手並みを拝見していたぼくの口からは、感嘆の溜息がもれました。そして「並の修行では、あれほどの早業を体得することなどできまい……」と、言い知れぬ無力感に打ちひしがれたのです。

―― 寒さも忘れて。

TOBI そして「自分には、あの芸域に達するのはとうてい無理だ。金輪際、深夜の柴刈りはやめよう」と、固く心に誓ったのです。

―― なるほど……いい話です。

TOBI こうしてぼくは、それ以来、部屋の暖炉を使うことを諦めました。

そして、その夜の出来事から約一週間後、あの……あのおぞましき「水漏れ事件」に遭遇することになるのです。

——え、ここまでのお話は、その冬の出来事、だったんですか⁉

TOBI そう。

——さすがはニジンスキー三部作の最終章、「ひどい目」にも、ほどがある……。

TOBI ……でしょう？

（ひどい目その七へつづく）

ひどい目 その六

パリの冬が寒すぎたばっかりに、
なぜかフルマラソンに出場するハメになり、
夜な夜な薪を求めて
極寒のパリの街を徘徊することになった件。

▼友人の田舎でクリスマス体験。24日遅くに教会に行き、見よう見まねで、立ったり座ったりウエハースを口に含んで隣人とチュッチュッしたり。25日になった瞬間には、キリスト生誕を再現したジオラマの馬小屋に赤ちゃんの人形を置いて「産まれました〜」とみんなで合唱した。

ひどい目

その七

ゴミが地層化した練馬のアパートで空き巣と22日間同居した件。

誰かの靴の跡。

――こんにちは、TOBIさん。

TOBI ブオッフォンジューフガッハーーーッ！

――ボンジュール、と。何かもう、ちょっとした爆発が混じってましたね。ありがとうございます。

TOBI **どういたしまして。**

――さて、本日のお話は、TOBIさんが練馬からパリへと旅立つ直前に見舞われた「ひどい目」だとうかがっています。さっそくどうぞ、お聞かせください。

TOBI **ぼく、昔からアンチヒーロー派なんです。**

――はい、何となくそんな気がします。が、それが……何か？

TOBI 江戸川乱歩の「少年探偵団」で言うなら、明智小五郎や小林少年でなく、怪人二十面相に心を寄り添わせてしまう、そんな幼少時代を過ごしました。「わざ

わざ予告状とか送りつけないで、黙って盗っちゃえばいいのに！」と思っていたんです。

TOBI ――泥棒側の意見としては、もっともです。が、それが……何か？

明智小五郎が小林少年に女装を命じるような場面も、幼いぼくの心をかき乱しました。年端のいかない少年に、アイシャドウやルージュを塗りたくって、ロングヘアーのカツラをかぶせて「だいぶうまく化けるようになったな、フフ」とか何とか、「え、大人が子どもにそんなことして……いいの⁉」と。

TOBI ――TOBIさんの現在のお姿も似たようなものですけど？

ポプラ社から出ているアルセーヌ・ルパンのシリーズも大好きでした。ルパンって、シャーロック・ホームズとの対決で池に飛び込み、溺れ死んだと見せかけて、人魚に変身したりとかしてたんですよ。

TOBI ――へえ、ものすごいイリュージョン。怪盗稼業を廃業してもソレ一本で食っていけそうなレベルですね。

現在のぼくの「扮装癖」は、これらの物語で育まれたと思っています。ビートルズ、ＫＩＳＳ、Ｑｕｅｅｎ、プリンス、マーク・ボラン、タカラヅカなどに加えて、「怪人二十面相」「アルセーヌ・ルパン」もルーツでしたか。

TOBI ともあれ、これみよがしに正義をふりかざす人間より、怪盗とか大泥棒とか……まあ、自分の身の丈に合わせて言うならば「空き巣側」の人間だったんですよ。

―― なるほど。

TOBI ここで、少し脱線してもいいですか？

―― 今まで脱線していなかったとでも!?　ともあれ、どうぞ。

TOBI 『怪盗ルパン全集』の第1巻が『奇巌城』というお話なんです。「怪奇」の「奇」に「巌しい城」で。

―― ええ。奇巌城。

TOBI ぼく、その『奇巌城』の話が好きすぎて、**いつのまにか「奇」という漢字まで好きになってしまって。**

―― ははは。どういう心理ですか、それ。

TOBI 何でしょう、あの文字の造形が……つまり、トメ、ハネ、左払い、右払いなどあらゆる書道テクニックが一文字の内に盛り込まれており、しかも、上下が「大」と「可」できれいに割れている。なんともビッグ（大）なポッシビリティー（可）、漢字界の「ユニバース」のような、**無限なる宇宙の可能性を感じていたんです。**

――……「奇」という字にですか。

TOBI　そのため、実家の居間に障子格子のくもりガラスの引き戸があったんですが、そのくもりガラス1枚1枚すべてに「ハァ～」と息を吹きかけて、大好きな「奇」の文字を書きまくってビッシリ埋め尽くしたんです。

――怖い……。

TOBI　でも、その「奇」の文字は、すぐに乾いて見えなくなってしまったので、安心し、調子に乗り、すべての障子のワクに**奇、奇、奇、奇……。**

――何の呪い？

TOBI　それから数カ月後の、大晦日の夜のことです。その居間に親戚一同が勢ぞろいして、すき焼きをつつきながら、テレビで紅白歌合戦を観覧していたんです。

――ええ、レ・ロマネスクさんもいつか出たいと願っている国民的歌番組を、親戚一同、顔をそろえて。あたたかい年越しですね。

TOBI　すき焼きの湯気、酔っぱらいの酒気、その場にいる人全体から発散される汗など、そういった蒸気が渾然一体となり、くもりガラスの表面を湿らし、消えていたはずの「奇」の文字がボワーッと浮かび上がって、いつのまにか親戚一同、**無数の「奇」に囲まれていたんです。**

TOBI
恐怖の大晦日！
一同、一気に血の気が引いて、あたたかい年越しがすっかりホラーな年越しに変わったのですが、誰の仕業かは1秒以内にバレ、「なんて恐ろしい子！」と叱られました。

TOBI
アンファン・テリブル、と。
いまでも、心がザワザワするときには、無数の「奇」を書いて神経を集中させています。頭デッカチになってはいないか、焦って大と可が近寄りすぎてはいないかなど、精神的なバロメーターにしているんです。ということで、今回の「ひどい目」の話を……。
お願いします。

TOBI
ぼくが渡仏する前の数年を過ごしたのは、練馬の桜台駅からほど近い、木造2階建ての1Kのアパートでした。4年ほど住んでいたんですけど、その間、就職しては就職先が潰れるという、**出口の見えない「倒産スパイラル」**に巻き込まれておりまして、気付いたときには本やら衣類やらゴミやら何やらがミルフィーユ状に地層化していたんです。
ええ。

TOBI 当時は掃除機を持っていなかったのですが、そもそも掃除機をかけるスペースがありませんでした。

――テレビでよく見る、ゴミ屋敷みたいな？

TOBI いいえ、元来の性格がきれい好きなので、弁当のカラ容器や使用済みの割り箸などは**流しで洗剤で洗って十分に乾かしてから**積み重ねていました。その上に洗い終えた空き瓶と空き缶が載り、その上に読み終えた古新聞と古雑誌が載り、その上に洗濯済の下着が載り、その上に証明写真と履歴書の束が載り……。

――ゴミを「整然と」溜め込んでいたから、ゴミ屋敷とは違う、と？ でも、どうして捨てなかったんですか。

TOBI 捨てられなかったんです。どうしても。そのアパートは、朝の7時半から7時50分の間にゴミを出さなきゃならないルールがあって。

――ものすごいタイトですね、それ。

TOBI 当時は、次々と就職活動に応募しながら、朝から近所の古本屋で猛烈にアルバイトをしていたんです。「棚」を任せられるほど、猛烈にね。

――それで、ゴミ出しを逃しまくっていた？

TOBI
そうなんです。室内にゴミが溜まりはじめると、いくら整然と積み重ねていたとはいえ、徐々に動ける範囲がせばめられ、地層化した地面が日に日にせり上がり、ほどなく居場所がなくなりました。しかたなく、**キッチンの上の窮屈な物置スペースに、布団を敷いて寝るように……。**

——
部屋の主人が。

TOBI
カビのおそろしさを身を持って知りました。浴室で、あ、何かカビてきたなと気付いてから四方をカビで包囲されるまでに、ひと月もかからなかったと思うので。

——
湿気の多い日本のカビ、何たる繁殖力……。それにつけても、幼いころには四方を「奇」に囲まれ、大人になったらリビングでは「大量のゴミ」に囲まれ、浴室では「全面のカビ」に囲まれ。

TOBI
ただ、「洋式トイレの便器の前」と「シャワーの真下」にはまるで磨き上げたようにピカピカな**ふたつの「丸」**がありました。

——
そこが「定位置」というわけですね。両足の。

TOBI
当時の友人たちの間では「あいつの部屋はヤバすぎる」ということで、ある種の観光名所と化していました。としまえんプールや石神井公園など、練馬方面へ足を伸ばしたときは、ちょっと覗いて「うわ、汚ねえ！」とだけ言って帰っていく、そういうスポットになっていたのです。

迷惑な話です。

TOBI　一度など、友人がトイレを貸してくれと寄ったのですが、土足のまま上がり込んできたほど……。

外国の方ですか？

TOBI　いえ、日本人が、あまりの部屋の汚さに「靴、脱がなくてもいいよね」と。さすがに憤慨して靴を脱いでから上がってくれと言ったら、その友人、何て言ったと思います？

どうでしょう。

TOBI　**「足の裏から病気がうつるかもしれない」**

それほどの「瘴気」が立ち上っていたと。

TOBI　そんな、ある日のことです。

はい。

TOBI　玄関を入ってすぐ、ゴミの山からこぼれ落ちていたネイビーのポリエステルのホットパンツに「**靴の跡**」がついていたんです。つま先の跡が、ちょこんと。

――　へえ……。

TOBI　それは、あたかも「知らずに踏んでしまった」という感じでした。
土足のご友人が踏んじゃったんですかね。

TOBI　いいえ、ハッキリと覚えているのですが、その友人が土足で上がった靴とは別の靴でした。彼の靴はゴツいブーツのような感じでしたが、その跡は、もっと、こう……運動靴、スニーカーっぽい感じだったんです。

――　なるほど。

TOBI　ぼく自身は、当然きちんと玄関で靴を脱いでいましたから、何か、ちょっと、妙だな……と。

――　たしかに、ほのかな違和感を感じますね。でも、それほどのカオスのなかに潜んでいたほんの些細な違和感を察知するとは、さすがは、そのカオスの真っただ中に住む人。

TOBI　にわかに、イヤな予感に襲われました。なにせ、当時のぼくはといえば、就職活動でも古本屋のバイトでも使える「黒い革靴」を一足しか、持っていませんでしたから。

――　つまり、知らない誰かの靴の跡が……。

TOBI ええ、ついていたんですよ。**ネイビーのホットパンツの「股間」の部分に、**靴のつま先で踏んだ跡が、ちょこんと……でも、ハッキリと。

足跡？

不意の来訪者。

―― ゴミや衣類がミルフィーユ状に堆積した自室のアパートで、見知らぬ人の靴の跡を見つけてしまった、当時、古本屋勤務のＴＯＢＩさん。

TOBI はい。

―― すぐに思い浮かぶのは「空き巣」ですが、何か盗られたものは……？

TOBI それが……それをたしかめようにも、部屋が部屋だけに、何か盗られたのか何にも盗られていないのか、わからなかったんです。

―― そうだった……。

……えっ？？？？？

TOBI 何か盗られたのかもしれない。何にも盗られていないのかもしれない。整然と積み重ねられていた弁当のカラ容器と割り箸は盗られていない、そのことだけは明白でした。

―― そうでしょう。それは。

TOBI ひとつ言えるのは「仮に、自分の仕事が空き巣だったとして、苦労してこの部屋に侵入したとしたら**途方に暮れるだろうな**」ということでした。

―― 汚すぎて、空き巣の力量を試す部屋……。

TOBI あのカオスの真っただ中から短時間で金目のものを見つけ出すのには、おそらく、スゴ腕の考古学者レベルの発掘スキルが求められるはずです。

―― ゴッドハンドが必要、と。

TOBI ともあれ、玄関の鍵のようすも今まで通りだったので、大家さんが何かの確認に来て踏んづけて帰っていったのかな、くらいにしか考えませんでした。

―― 警察に通報とかは？

TOBI していません。なぜなら、その時点での「被害」は「ホットパンツの股間部分を靴で踏まれた」だけだったからです。まともに取り合ってはくれないでしょう。

――そうか……。それに、万が一空き巣だったとしても、あの部屋の状況を前にしたらまずお手上げ、何も出来ずに出ていっただろうから、「ま、いいか」と。

TOBI　どういう自信ですか。

――こうしてぼくは古本屋勤務の日常に戻り、「靴の跡事件」など、いつの間にか忘れてしまったのです。

TOBI　では……真相は?

――ええ、ますます堆積するミルフィーユにうずもれるようにして、記憶の彼方へと、消え去っていきました。

TOBI　なるほど。

――当時、部屋の汚さが、人間……いや、呼吸をして生きる生命体の住む場所として限界を超えてしまっており、これは本気でどうにかしなければ生命さえ危ういと、そのことばかりに気を取られていたせいもありました。

TOBI　あ、やっと掃除したんですか、部屋。

――いえ、その同じアパートの2階に空き室が出たので、そちらに引っ越しすることにしたんです。

——ドラスティックすぎませんか。解決法が。

TOBI　これは、そのあとの余談になりますけれど、2階にはそれから2年、住みました。ただ、部屋は変わっても、そこに住む人間は変わっていませんから、2年後にはスッカリ2年前と同じような状態になったのです。

——まさか……3階に引っ越し？

TOBI　そのアパートは木造2階建てだったので、さらに上へ逃げることは、不可能でした。それで、しかたなくパリに……。

——そこへつながるのか……！

TOBI　「ひどい目 その五」でもお話ししましたが、その後、ゴミ入りの段ボール6箱が数ヶ月かけてフランスまで船便で追いかけて来て、そのことが遠因となり、ピンクの音楽活動に身を捧げることになったわけですが、ともあれ、ここで重要なのは、増え続けるゴミに押し出されるかたちで、パリへ渡ったことなどではなく。

——はい。

TOBI　例の「靴の跡事件」から……どうでしょう、かれこれ10日くらい経ったころのこと。

—— それは、まだ2階へ引っ越す前ですね？

TOBI ええ、そうです。忘れもしない、真夏の日曜日の朝です。前日の深酒がタップリ残っており、ミルフィーユの最上層にじかに寝転んでユラユラまどろんでいると、目の前のベランダの窓が、突然、勢いよくガラッと開いたんです。

—— ……ええ。

TOBI そのときは、たまたまだったんですけど、あの、ネイビーのホットパンツを着用していました。

—— それって「衣装」だと思ってたんですが……ふだん使いのアイテムだったんだ。

TOBI 前の晩、楽しいお酒を飲んだ名残でしょう。上半身は、夏用のベージュのハラマキ以外、何も身につけていませんでした。ともかく、その人……つまり、人の家の窓を「ただいま」というくらいの手慣れた感じで開け放った人は、キャップを被り、黒ブチのメガネをかけた、どちらかというと**実直そうな若い男**でした。

—— なぜ「手慣れた感じ」と思ったんですか？

TOBI 鋭い質問ですね。その窓の鍵が開いていることは、ぼく自身は気付いてなかったのですが、「この窓の鍵は開いている」ということを知っていなければ、あれだけ躊躇なく、勢いよく窓を開け放つなんてことはできないと感じたのです。

―― さすがは空き巣に心を寄り添わせる人。空き巣のふるまいへの洞察が、深く鋭い。

TOBI あちらとこちらで、ぼくたちは、しばし無言でにらみ合いました。

―― キャップでメガネの実直そうな若者と、ツヤツヤした素材のホットパンツにベージュのハラマキだけを身につけた男が、外界と異空間を隔てる窓を挟んで。

TOBI ええ。

―― こう書くと、どちらが怪しい人なのか、サッパリわからないです。

TOBI ハッキリ顔を見たわけではないですが、その人は……**まだ少年と言っていいほどの年格好**でした。

―― へえ。

TOBI 「どちらさまですか?」ぼくが、ゴミに寝転がったままの体勢で、身を固くしながらそう言おうとした瞬間、その「少年」が、先に口を開いたんです。

―― 何と。

TOBI **「間違えました」**と。

――え？

TOBI 何をどう間違ったら、人の家の窓を勢い良く開けられるのかと問い返すひまもなく、少年は、開けた窓をピシャリと閉めて、蒸し暑い朝のかげろうの中にすぅーっと、気配を消していったのです。

――夏の幻……。

TOBI あまりに瞬間的な出来事だったことと「間違えました」という物言いがとても丁寧に聞こえたので、ぼくは「ああ、本当に間違えたんだな、いまのは」と思うことにしたんです。

――その人は……それ以降は？

TOBI 二度と見かけることはありませんでした。以後も、とくに不審な出来事は起こらず、季節はめぐって冬となり、**勤務先の古本屋は「ブックオフ」となり、**いまやぼくはブックオフの店員として心機一転、出張買取や新店舗の立ち上げにせわしなく飛び回っていた……ある晩。

――はい。

TOBI 仕事を終えアパートに帰ってみると、ドアに「**赤い紙**」が貼ってあったんです。

――赤……どこか不吉な色。

TOBI あたりはぼうっとした蛍光灯がチカチカと明滅しているだけでしたから、何が書いてあるのか、すぐには判読できませんでした。

―― ええ。

TOBI そこで、部屋のなかで改めて読んでみると、そこには、ガサツな人間が書きなぐったような文字で、こう、書いてあったんです。「昨年8月2日の貴殿の行動について、至急連絡されたし。成城警察某」

―― 警察……！

TOBI その、文字から類推するに岩石みたいな顔面をしているであろう成城警察の刑事、その刑事の直通番号が添えられていたので、ぼくはこわごわ電話したんです。至急、とあったので、すぐさまにね。

―― 岩石デカにコールバック。

TOBI そう、その刑事は、たったのワンコールで受話器を荒々しく取るなり、**「どこだ！」**と、大声で怒鳴ったんです。

―― 「どこだ！」？

TOBI そう、「どこだ！」ってよくわからないじゃないですか。でも、その勢いに気圧されて「こちら練馬区桜台」と間抜けな返事をしたら、すぐに察したようで

「先週、大阪で捕まった連続窃盗犯某が、昨年8月2日に貴殿の部屋に侵入したと自白した」と。

TOBI ―― 連続窃盗犯それはつまり空き巣！

ぼくは、恐怖で、ガタガタ震え出しました。8月2日、というのは……ネイビーのポリエステルのホットパンツを踏みつけられた日か、キャップで黒ブチメガネの若い男とネイビーのホットパンツ一丁の姿でにらみ合った日か、にわかには判断できなかったのですが、**「空き巣だ、あいつだ！」**と。

TOBI ―― やっぱり入ってたんですね……空き巣。

岩石刑事は「犯人」について心当たりがないかどうかしつこく聞き、「よく思い出してください。侵入当時の8月初旬、何かなくなったものはないですか？」と。

TOBI ―― それが、わからないわけですよね。

そう、だから、正直にそう伝えたら、たたみかけるように、刑事は「では、犯人が侵入した形跡はありますか？」と聞いてきたんです。

TOBI ―― それもわからない、と。

ですので**「言ってみれば、大勢の空き巣に入られたように見えます」**と、ここ数年のぼくの部屋の状況を説明したのです。ようするに、部屋がものすごく汚いために形跡が残りにくいんです……と。

――正直にね。

TOBI　すると刑事は、さも納得したというように、妙に芝居がかった、謎解き場面の古畑任三郎みたいな口調で、こう、つぶやいたんです。「なるほど。それでか……」と。

――「それで」？

TOBI　「なるほど……それで犯人は安心して、**あなたの部屋に、22日間も住んでいたわけですね**」

振り向けば、そこに……誰かが。

——驚愕です。驚愕の「ひどい目」です。ゴミや衣類がミルフィーユ状に堆積したTOBIさんのアパートは、空き巣に「入られた」だけでなく、空き巣が「住んでいた」だなんて……！

TOBI　ええ。

——それも1日2日じゃなく「22日間」とは。いくら形跡が残りにくいからといっても、3週間以上も気付かれないって、どれだけ注意深い空き巣だったのか、はたまた……どれだけ汚い部屋だったのか。

TOBI　まあ、その両方……だったんでしょう。少なくとも、犯人が「全体的にはものすごく汚いけれど、細部は案外整然としている」というぼくの生活習慣を敏感に察知し、あの部屋の「ルール」を厳守していたことは、まちがいないです。

——便器の前の「ふたつの丸」に、きちんと両足を置いて用を足したり。

TOBI　おそらく。

TOBI　思わずトイレットペーパーの端を三角に折ってしまっただけでも……アウトだ。ネイビーのポリエステルのホットパンツの股間につけた靴の跡は、彼が唯一犯した「失態」だったんですよ。

——しかし「22日間、住んでいた」というのも、いまいちうまく理解できません。

弁当のカラ容器のタワーの陰に身を潜めていた……わけもないでしょうし。
ぼくもその点、不思議に思ったので、受話器の向こうの岩石刑事に聞いたのです。「いったい、どういうことですか」と。

TOBI

——すると？

岩石が説明するには、こうでした。「犯人はまだ10代の少年である、高校3年の夏休みに西日本の実家を家出して東京に住み着き、すぐに食い詰め、ほどなく空き巣稼業に手を染めた……」

TOBI

——え、高校生？

そして「その犯人の記念すべき1軒目の侵入先が、他ならぬ、あんたの部屋だったのだ」と。

TOBI

——東京都内に賃貸アパートが何部屋あるか知りませんが、数万いや数十万という中からTOBIさんの部屋が選ばれたわけですよね。何という……鬼のような引きの強さ。

TOBI

受話器の向こうで、岩が、燃えさかるマグマのように、どんどん真っ赤になっていくのがわかります。「あんたねえ、ダメだよ、ダメダメ！　そんなね、郵便ポストの内側なんかにセロハンテープで部屋の合鍵を貼り付けたりしてちゃ！　わかりやすすぎるでしょうが！」

空き巣にとっては模範解答のような隠し場所だった……と。

TOBI 「とにかく、こいつが1軒目に選んだのが、運の悪いことに、あんたの部屋だった」

―― こいつ……え、すぐそばに犯人が？

TOBI 「で、あんたの恐ろしく汚い部屋を前に、**こいつは深く絶望した、**ハハハッ……」

―― 余計なお世話ですよね。

TOBI 「しかし、そこからがこいつの油断ならないところで、金目のものはまったく期待できないけれど、ここまで汚ない部屋なら、東京で盗みを重ねる拠点としては十分に使えそうだと悪知恵をはたらかせた」

―― お金もなく、知り合いもいない未成年がもっとも手に入れにくいもの、それは、雨風のしのげる「根城」……。

TOBI 「そう決めた犯人は、侵入当日の8月2日から8月24日までのまる22日間にわたって、あんたの部屋で、**人知れず、昼夜逆転の空き巣生活を続けていたのだ**」

―― つまり、TOBIさんが古本屋でアルバイトしている日中の間は部屋で過ごし、

岩石刑事

TOBI　夕方以降、ＴＯＢＩさんが帰ってくる前に、夜の街へ「仕事」に出かける……。そうなんです。「そして朝、あんたが仕事に出かけるのを見計らって、ポストで見つけた合鍵を使い、堂々と玄関から部屋に侵入し、エアコンをつけ、ポテトチップスでもつまみながらマンガを読み漁り、眠くなったら、あなたの布団で寝て……」

――うわー……人間が一晩で出す寝汗の量って、コップ一杯分とか言いますもんね。……………。

TOBI　すいません、気持ち悪いこと言って。

――いいんですよ、過ぎたことです。熱くなった岩石の解説を続けますと、「俺の推理によれば、お昼すぎからは各局のワイドショーをチェックしたり、仕事の前にはきちんとシャワーを浴びたりするなど、昼夜逆転とはいえ、規則正しい生活をしていたのだろう」

TOBI　で、夜に、仕事という名の犯行を重ねていた。

――「犯人は、軽い気持ちで侵入を試みたら、1軒目で余りにやすやすと入れてしまい、しかも住人つまりあんたにまったくバレなかった。そこで、あんたの部屋を拠点に、成城や田園調布など高級住宅地の明らかな豪邸、**どう見ても大金**

持ちという家だけを狙って、空き巣犯罪を繰り返していたのだ」

TOBI

侵入された挙句に、空き巣に手を貸したかのような言われよう。
そんなこちらの気持ちなど一向にかまわず、刑事は、さらに説明を続けます。「こいつは、そうやって都内の豪邸で荒稼ぎしたあと、8月24日にいったんあんたのアパートを出て八王子へ移動、また同じように、住めるほど汚い部屋を拠点にしながら空き巣を繰り返し、その後は、名古屋から岐阜へと場所を転々としながら豪邸荒らしを続け、ようやく大阪の大富豪宅で現行犯逮捕されたのだ」

TOBI

あ、大阪でドジ踏んだんですか。でも、めでたくお縄頂戴でヨカッタですね。

被害総額は、4億円。

TOBI

よ、4億!? 空き巣っていうか、大泥棒じゃないですか!

そうなんです。ついこの間まで田舎の高校生が、ですよ。

TOBI

つまり「その才能」があったんですかね? 将来は怪人二十面相か、アルセーヌ・ルパンか、というほどの「天賦の才」が。

ぼくは、一日の仕事の疲れも忘れ、ここまでの話をポカーンとしながら聞いていたのですが、最終的に刑事は「被害届を作成しなければならないので、明日、職場に行かせてもらう。勤務先の名称と住所を教えてほしい」と言ったのです。

——え、じゃ、来たんですか、ブックオフに？

TOBI　はい。来ました、次の日。ちょうど、カウンターで古本の買い取りの受付をしていたときに、柔道かラグビーか、そういう競技を愛好していそうな体つきの、血色の良い、つるつるの肌ツヤの顔をした男性が。

——岩は岩でも、大理石でしたか。意外なことに。

TOBI　そういう見た目の大男が、ダークなスーツにゴツゴツした身を包み、入り口から真っ直ぐカウンター方向へ突進してくるわけです。どう見ても古本の買い取りではないので、ああ、この人が例の刑事かと思って「あ、どうも」と挨拶したら、その人、異常に大きな声を張り上げて警察手帳を高らかに掲げ「**こういう者です**」と言ったんです。

——……はい。

TOBI　店内に響き渡るほどの大きな声でね。そんな大声を出すなら、最初から「警察です」と言えばいいのにと思いました。

——身分を隠すための「こういう者です」なのに。

TOBI　お客さんがチラチラこっちを見たりとか「あの人、何したのかしら」みたいな感じでザワついてしまったので、ぼくはあわてて大理石刑事（デカ）に奥の事務室へ入ってもらいました。

——そこで、取り調べがスタートした……と。どんなことを聞かれたんですか？

TOBI 大理石は、いきなりタメ口で「本当、犯人、憎らしいよなあ……」とこちらに同意を求めてきました。でも、そのときのぼくは、まったく犯人に憎しみを感じておらず、むしろ「**友だちになれるかもしれないな**」と思っていたくらいなんです。

——それは……どうしてですか。

TOBI だって、本当の友だちですら土足でドカドカ上がってくるような部屋、「足の裏から病気がうつる」とまで言われた、あの汚すぎる部屋に、その彼……空き巣犯は「22日間」も暮らしていたんですよ。ともすれば、リラックスまでして。

——…………。

TOBI 思えば、**あの部屋にきちんと靴を脱いで上がってくれたのは、彼だけだったんです。**

——そうかもしれませんけど。

TOBI 前の晩に一部始終を聞いてから、ぼくの頭のなかは、そのことでいっぱいになりました。一晩で、その犯人に対してシンパシーすら抱いてしまっていたんです。

――監禁事件のような特異な状況に置かれると、人質が、犯人に対して「同情」や「好意」を抱いてしまうという「ストックホルム症候群」のことは耳にしたことがありますが……。この場合、ぜんぜんちがいますけどね。

TOBI 神妙な顔つきの大理石は、さらに続けます。「現在、犯人が自供した盗難品の中で、金のロレックスの時計が宙に浮いている。つまり、犯人がどこから盗ったか覚えておらず、被害者の中にもロレックスの時計を盗られたという人は、ひとりもいない」

――へえ、そんなことあるんですかね。

TOBI 「だから、その金のロレックスは、あんたの部屋から盗まれたものだろう」と。

――え、そんなわけ……ないと思う。

TOBI ええ、ロレックスの時計を買えるような人が、5万1千円の家賃を払うために、ゴミも出せずにバイト漬けになりながら、毎晩毎晩、就職採用の履歴書を書き

ますか？

書きません。

TOBI　ですからぼくは、ピシャリと言ってやりました。「いいえ刑事、その金のロレックスは、断じてぼくのものではありません」

たとえそれが、「銀のロレックス」だったとしても……。

TOBI　そうです。錆びた鉄のロレックスでもです。きっと刑事は、もうめんどくさかったので、犯人がぼくのところから盗ったということにしたかったのかもしれません。でも、ぼくには、盗られてもいないものを盗られただなんて、そんな、

友だちを売り飛ばすようなマネは……。

友だち……。すっかり空き巣の心に寄り添ってる。さすがは、幼いころから「空き巣側」の人。

TOBI　ともあれ、今回の「ひどい目」を通じて、ぼくが、みなさんに伝えたいことは。

何でしょう。

TOBI　あなたが今、この本を読んでいる場所、仮にそこが賃貸アパートの一室なら、ちょっとまわりを見渡したほうがいい。

あ……。

TOBI ほんのわずかな「違和感」でもかまわない、いつもとちがうところはないか。
クローゼットの裏、ソファの下、物置と化したロフトの物陰。

――つまり、振り向けばそこに……。

TOBI そう、知らないうちに、見知らぬ誰かが、住みついているかもしれません。

――怖い！

TOBI なにせ、八王子と名古屋と岐阜と大阪には、ぼく同様、犯人と同居したことにまったく気付かなかった4人の被害者が存在するわけですから……。

（ひどい目 その八へつづく）

▼田舎のクリスマスプレゼント交換会。包装紙を豪快に破るのが良いとされ、バリバリ破って暖炉に投げ入れる。中身を見せびらかしたあとで贈り主が名乗り出て、かかった費用を払い合うという。えっ、このダサい花瓶（プレゼントされた）のお金払うの？

▼バス停で70代のラオス人に声を掛けられ、ひとしきり苦労話を聞かされたあと「都会は怖い。階段で若い男3人組に突き落とされ指が三本なくなった……辛い」という。哀れに思いポケットを探って1ユーロ硬貨を出すや、包帯から無くしたはずの指を出し、金を奪い取って逃げていった。

ひどい目

その八

地平線を望む雄大な北海道の牧場で
真紅に染まる夕日を眺めながら
あたたかい牛のフンを全身に浴びた件。

K氏からの電話。

―― 今回は、ぼくたち庶民の憧れの避暑地、北海道での「ひどい目」だそうで。

TOBI ウィ。

―― 一面のラベンダー畑、白銀のゲレンデ、ホッケ定食の巨大なホッケ、夕張メロン、毛ガニ、ジンギスカン……そんな、みんな大好き北海道で、どんな「ひどい目」に遭うとでも？

TOBI 楽園のバラにもトゲはあるもの。油断は禁物です。不意に襲いかかる「ひどい目」に、国や地域など関係ありません。言葉や宗教、お肌の色などもね……。世界はひとつ、地球はまるい……と言うわけですね。肝に銘じたいと思います。

―― それではさっそく、お話しください。

TOBI あれは……もう、ずいぶん昔のこと。まだ20代だったぼくは、少し前にお話しした**「倒産スパイラル」**に人生を翻弄されており、そのときは葬式専門の花屋

でバイトをしていました。

―― 専門……があるんだ。

TOBI ええ、まだ家に空き巣が入る前ですが、夜中に仕事が入ることも多く、夜を徹して、えんえん祭壇の仏花を仕込む仕事で。

―― なるほど。

TOBI 日中は死んだように眠り、夜のとばりが降りるころに起きだして仏花に群がる……まるで、自分が蛾にでもなったような気分でした。

―― それが今では、逆に、蛾が寄ってくるようなお姿にね。

TOBI そんな、ある日のこと。聞き覚えのない男性の声で、電話がかかってきたんです、早朝に。

―― 早朝。夜行性の蛾ならまだ寝ている時間帯。

TOBI 「もしもし、ベッカイチョウのKです」と、受話器の向こうの声は言いました。寝ボケ頭で「Kって誰？　ベッカイチョウって何？」とモゴモゴしていると、その「ベッカイチョウのK」なる人物は「いやあ、助かった、助かった。あなたが来てくれるっていうんで、本当に助かりました」と、言うんです。

ひどい目

その八

地平線を望む雄大な北海道の牧場で
真紅に染まる夕日を眺めながら
あたたかい牛のフンを
全身に浴びた件。

――はあ。

TOBI　そして、このように、続けたんです。「いやあ、あなたを紹介してくれたイシモトくんにも感謝だな。なんでも、勤める会社が次々に倒産して路頭に迷っている知り合いがひとり、こっちにいるから」って。

――……ええ。

TOBI　ベツカイチョウのK氏は、さらに「そればかりか、酪農にとても興味を持っているとか？」などと。

――持ってるんですか、興味？

TOBI　いいえ、まったく持っていません。ただ、昔から**牛乳が好きだっただけです。**

――そのことを指して「酪農に興味を持ってる」と？

TOBI　K氏は、かまわず、続けます。「こちらとしては早ければ早いほどいいんですがね。東京からの飛行機は1日1便、今日の1時半発の便に乗ってもらって結構」

――つまり、誰とも知らぬ牧場主が「早く来てくれ、今からでもいい」と？

TOBI　とりあえず「いや、たしかにイシモトは友人ですが、少し考えさせていただけませんか」と、お伝えしたら「作業着は貸すから平気だ」とか何とか。

——よくわからない話にもかかわらず、電話を切らず付き合ってしまうところに、TOBIさんの断り切れない性格がにじみ出ています。

TOBI そこで「牧場の仕事をした経験はない」とお伝えすると、今度は「**牛が好きなら大丈夫、心配ない**」と。

——好きなんですか、牛？

TOBI いや、好きもなにも触れ合った経験もありません。「ドナドナ」を口ずさんだことがあるくらいです。なので、K氏には「いや、好きかどうかは、まだ……まずはお会いしてみないと」とお答えするよりありませんでした。

——もっともなお返事ですね。

TOBI するとK氏は「あー、そう。なら明日でいいや。明日、根室中標津空港で待ってるから！　じゃ！」と言ってガチャンと電話を切ったんです。調べてみると、K氏の言っていた「ベツカイチョウ」とは、北海道の「別海町」のことでした。

——その……北海道の別海町の牧場主から、なぜだかわからないけど、「明日から、うちにこい」と。

TOBI 寝入りばなのボンヤリした頭で「どうしたものかなぁ」と思っていたら、K氏にぼくのことを話したイシモトくんから電話がきたんですよ。「北海道の牧場で、しばらくはたらいてみない？」って。

――逆ですよね。順番が。完全に。

TOBI　イシモトくん的にも、すでにK氏からのオファーの電話が来ているとは思っていなかったようで、「ちょっと俺、いいアイディア思いついちゃってない？」的な雰囲気を醸し出しながら「親戚が北海道で酪農やってるんだけど、近所のKさんが糖尿病の検査入院をするから、その間、乳しぼりの手伝いをしてくれる若者を探してるらしいんだよね」と。

――そういうことでしたか。

TOBI　で「キミ、牛乳好きだったじゃん？」と。

――なるほど……そこで「ただの牛乳好き」が「酪農に興味アリ」にすり替わるのか！

TOBI　ただ、急な話だとは思いながらも、ぼくは、その時点でもう、**K氏の牧場へ行くことに決めていました。**

――え？

TOBI　だって、北海道の牧場ですよ？　どこまでも続く地平線、満天の星空、澄んだ空気、感動的なキタキツネとの出会い、丼からこぼれ落ちそうなイクラ、しぼりたての、おいしい牛乳……。むちゃくちゃ楽しそうじゃないですか。

——そりゃあ、そう聞けば、まあ。

TOBI それまでの冴えない生活とくらべたら、まるで夢のように思えました。そして、気付けば「自分以外に誰があの牧場へ行くんだ？」「**北海道を救うのは俺だ！**」くらいの心意気になっていたんです。

——乳しぼりで、北海道全体を助ける……。

TOBI もうスッカリ次の日の1時半の飛行機に乗ることに決め、お葬式専門の花屋さんも辞めました。そしてその晩は、いつもより早めに床についたのです。

——……ええ。

TOBI すると、真夜中、下のアゴが……正確には下アゴに残っていた親知らずが猛烈に痛みだしたんです。北海道での楽しい暮らしを想像しても鎮痛剤を余分に飲んでも痛みはごまかせず、むしろ増すばかり。このままではK氏の期待に応えられないと思いました。

——ひいては北海道全体の期待に。

TOBI そのまま痛みで一睡もできずに夜は明け、池袋にあった朝7時から診察している歯医者さんへと駆け込んだんです。

ひどい目 その八

地平線を望む雄大な北海道の牧場で
真紅に染まる夕日を眺めながら
あたたかい牛のフンを
全身に浴びた件。

――　スタート早すぎませんか、その歯医者。

TOBI　診てくれた先生が「では、まず今日のところは神経を抜いて、1週間くらいようすを見て……」とか、やたら悠長なことを言っているので、「いいえ、本日これから、ぼくは北海道へ行かなければならない！　なぜならそこに、ぼくの助けを待っている人がいるから！」と言って無理やり抜いてもらいました。

――　先生も気圧されたんでしょうね。その……手に負えない感じの「使命感」に。

TOBI　歯医者が済むと、次に床屋へ散髪に行きました。なぜなら、そのときのぼくは、なぜか未開の地に行くような気持ちになっていたからです。「しばらくは髪も切れないだろうから、ドライヤーや整髪料の必要ないヘアースタイルにしなければならない」と、迷わず「**角刈り**」をオーダーしました。

――　また、ずいぶん極端な髪型に……。

TOBI　朝7時から歯医者で親知らずを抜き、顔面をしびれさせながら角刈りにして、そのあと、チケットショップで航空券を手に入れ、いちど自宅に帰ってから、スーパーで歯ブラシや髭剃りなどの生活雑貨を買い込み、パッキングして冷蔵庫の中身を捨てて、洗濯物をひとまとめにして……。

—— その時点では、北海道に何日くらい滞在するとかは?

TOBI わかっていませんでした。が、糖尿病の検査入院ってことなので、ま、長くても1週間くらいかなあ、と。

—— なるほど。

TOBI 最後、ブレーカーを落として部屋を出、電車とモノレールを乗り継ぎ、羽田に着いたら「**13時25分**」でした。

—— 5分前じゃないですか。フライトの。

TOBI そう、一睡もせず、朝から何も食べずに、歯を抜き、角刈りにし、身の回りを整理して荷造りをしていたら、そんな時間になっていたんです。

—— それ……間に合ったんですか?

TOBI カウンターのお姉さんに泣きつきました。「お願いします! 北海道の別海町でぼくの助けを待ってる人がいるんです! お願いします!」と、たぶん必死の形相で。実際、本当に泣いていたかもしれません。

—— 顔面を半分だけ腫らした角刈りの男が、必死の形相で、ほとんど泣きながら訴えかけてくる……恐怖。

TOBI さぞかし恐ろしかったことでしょう。お姉さんはおびえながら、震える指でピ

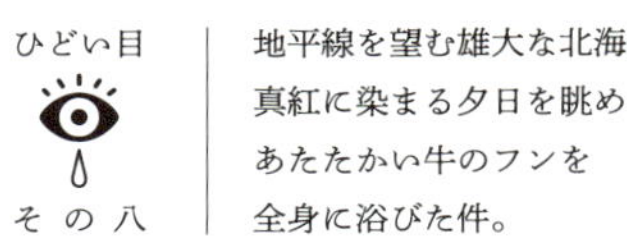

地平線を望む雄大な北海道の牧場で
真紅に染まる夕日を眺めながら
あたたかい牛のフンを
全身に浴びた件。

ポパと何らかの電話番号をプッシュしました。結果として、飛行機は、ぼくを待ってくれることになったんです。

TOBI ―― おお、すごい。すごかったのは「顔」か。

すると、どこからか紺色のブレザーを着てインカムをつけた屈強な男性職員が現れ、「急いでください！」と、急かすんです。

TOBI ―― そうでしょうね、それは。

「急いでください！　走ってください！」そう言われても、ぼくは一睡もしてない、何も食ってない、歯は抜いたばかりで顔面はしびれてる。

TOBI ―― そのうえ、角刈りで。

屈強な男に急き立てられて、**哀れなロバ**のように口をパクパクさせながら走らされているのですが、田舎へ行く飛行機なんで搭乗口がものすごく遠いんですよ。ついに、何個目かの「動く歩道」の上で足をもつれさせて転び、そこから立ち上がる気力もなく、しばらくの間、うなだれながら流されていきました。

TOBI　回転寿司の店内を何周も回転し、くたびれ、乾ききった寿司ネタのように。
するど、紺ブレが何人も集まってきて流されゆくぼくの横を、まるで競歩のオリンピック代表のように力強く前進しながら「急いでください！　走ってください！　立ち上がってください！」と。

——うわあ……。

TOBI　全身ボロ雑巾のようになりながら、やっとの思いで搭乗口へとたどり着き、紺ブレ全員に「**よいフライトを！**」と言われた瞬間、ハッチが閉じたんです。

——そうして一路、根室中標津空港へ。

TOBI　そう……それが、自分史上、最も長い一日のはじまりになるとも知らずに。

ひどい目

その八

地平線を望む雄大な北海道の牧場で
真紅に染まる夕日を眺めながら
あたたかい牛のフンを
全身に浴びた件。

——明日の飛行機で北海道の牧場に来てくれと急に言われ、一睡もせず、腹を減らし、親知らずを抜いて顔面を腫らしながら、角刈りのヘアースタイルで根室中標津空港行きの飛行機に飛び乗った、若き日のＴＯＢＩさん。

TOBI いかにも。

——さすがに、無事に到着したんですよね？　オホーツク海の流氷に不時着とかはせず。

TOBI 大丈夫でした。夕暮れの根室中標津空港に降り立ったら、すぐにKさんが寄ってきました。

——昨日の朝まで、まったく見ず知らずだった人ですよね。

TOBI 翌日から検査入院する予定のKさんは、頬がふっくらツヤツヤして、いかにも健康そうな顔をしていました。

ひどい目
その八

地平線を望む雄大な北海道の牧場で
真紅に染まる夕日を眺めながら
あたたかい牛のフンを
全身に浴びた件。

——かたや、北海道を救うべくやってきた痩せた青年は、前の晩に一睡もせず、腹を減らし……。

TOBI　親知らずを抜いて顔面を腫らしながら。

——角刈りで。

TOBI　**どう見てもこっちのほうが病人なんです。**

——ですよね。

TOBI　Kさんは、ぼくを見つけるなり、「**あー、ほんとに来たんだ！　来ないかと思ったよ！**」という信じられない第一声を発しました。

——昨日の今日だし、あちらも半信半疑だったんでしょうか。

TOBI　そうかもしれませんが、さすがに「おいおい！」と思いました。こっちはギリギリの健康状態で来てますから、「いやあ、よく来てくれたね！」「待ちわびたよ！」みたいな、横断幕とは言わないまでも歓迎ムード全開で迎えてくれるものとばかり思い込んでいて、ちょっと……ドキドキしていたりしたので。

——それがまさかの「ほんとに来たんだ！」発言。

TOBI　そして、人の顔をじぃーっと見つめて一言、「**なんか顔色悪いけど大丈夫？**」と。

——半分以上、Kさんが原因ですよね。

TOBI

でも、しょっぱなから使えないやつだと思われては大変なので、精一杯取り繕ったのですが、チラリとガラス窓に映った自分の顔は、全体的に「**雨に濡れた砂場の色**」をしていました。

TOBI

濃いグレー、ということですね。人間の顔の色としては、非常に不適切です。
その後、Kさんの車で牧場へ向かいました。そして、まずは母屋に寄り、Kさん一家にごあいさつをしたんです。家族構成は、リタイアしたおじいさん、おとなしそうなおばあさん、Kさん、Kさんの奥さん、そして高校生の長男、中学生の次男、小学生の三男。

TOBI

おお、大草原の三兄弟。将来の牧場主？
いえ、彼らはそろって牛アレルギーのため、牛舎に近寄ることすらできませんでした。

TOBI

そうか……だから、わざわざ、東京から乳しぼりの助っ人を呼んだんだ。
三兄弟は、大都会からシティーボーイがおしゃれな手みやげを持って来るとでも思っていたのか、ねずみ色の角刈り男が手ぶらでノコノコやって来たと知るや、あからさまな失意の表情を浮かべました。そして、ぼくと一言も会話を交わすことなく、自分の部屋へと引っ込んでいったのです。

ひどい目

その八

地平線を望む雄大な北海道の牧場で
真紅に染まる夕日を眺めながら
あたたかい牛のフンを
全身に浴びた件。

助っ人感まるでなし……。

TOBI

次に、寝泊まりする場所に案内されました。母屋から数キロ離れた牛舎の隣に建つ、ちいさなプレハブ小屋でした。

数キロ……さすがは北海道。広い。

TOBI

そこで、布団の上げ下ろしやトイレの使い方などをザッと教わったあと、時刻は夕方5時くらいでしたが、もう、すぐに仕事がスタートしたのです。

「長旅で疲れたでしょう、今日はゆっくりしてね」とかじゃなく。

TOBI

何せKさんは明日から検査入院するし、乳牛って365日、朝夕2回、必ずお乳をしぼらなきゃならないんです。

張っちゃうんですよね、おっぱいが。

TOBI

そう、しぼらないと乳腺炎などになって、最悪の場合、死んでしまうんです。

歓迎パーティを開いているヒマなどないと。

TOBI

ええ、浮かれた帽子やハナメガネなどのパーティグッズの代わりに、青いツナギに青い帽子、白いゴム長靴という作業服一式を手渡されました。そしてKさんは「いいか、俺が今から言うことを、すべて正確に覚えてくれ。明日までにだ」と告げるのです。

——一子相伝かのような物々しさ。

TOBI ときに、K牧場では「**120頭**」もの牛を飼育していました。乳牛なので、もちろん全員「雌牛」です。ぼくたちが牛舎についたのは夕方の乳しぼりタイムの直前だったので、ほぼ全員が口からよだれを垂らしながら、そして、お尻からウ○チを垂らしながら、デローンと寝そべっていました。

——あまたの乙女たちが、あられもない姿で。

TOBI まずは、彼女たち全員を搾乳室の手前の待合室みたいなところへ誘導しなくてはなりません。それが、ぼくに課された最初の任務でした。

——え、120頭の雌牛を、誘導する？

TOBI そう。と言っても、無闇に追い立てたところでビクともしない。そこでKさんが見本を見せてくれました。

——はい。

TOBI どうしたかというと……「チチチ……トトトトトト、トトトトトト」と言いながら、牛舎の中を走り回り出したんです。

——ええ。

TOBI すると驚いたことに、寝そべってよだれやらウ○チやらを垂らしほうだい垂ら

地平線を望む雄大な北海道の牧場で
真紅に染まる夕日を眺めながら
あたたかい牛のフンを
全身に浴びた件。

していた120頭の牛たちが、「**グワワーッ！**」と次々に起き上がってきたんです。数トンもの体重の乙女たちが波打つように立ち上がっていく光景を目の当たりにし、ぼくは、無意識に「うおお！」と叫び、ただただ感動していました。

——それは、すごそう……。

TOBI　するとKさんが「じゃ、今度はおまえやってみろ」と。昨日まで葬式専門の花屋だった自分にできるのだろうかと、半信半疑で「チチチチ」と言いながら牛舎を走りまわったら……。

——お、おお。

TOBI　次々と起き上がったのです、牛たちが！

——なんと、すごい！　素質あったんですかね、TOBIさん。

TOBI　いえ、牛の頭がいいというか、彼女らがよくしつけられていたんです。ただし、立ち上がらせただけじゃダメで、ミッションをコンプリートするにはその先の待合室まで牛たちを誘導していかなければならない。

——牛の集団を、特定の場所へ向かわせる……もしかして、ここでもまた「魔法のフレーズ」が？

TOBI そう、あったんです。Kさんが、低い声で「**べェ、べェ、べェ**」と言うと、120頭もの牛たちが、待合室へ向かってゾロゾロ歩きはじめたんです。

—— へぇ！

TOBI 「べェ」です。コツは、のどを鳴らすようにしながら、思い切り低い声で、うなるように「べェ、べェ、べェ」と発音すること。

—— ちなみに、その「チチチチ」とか「べェ、べェ」とかって、K牧場独自のルールなんですかね？

TOBI いや、共通の合図じゃないでしょうか。というのも、あのあたりにはフリーの酪農家という人たちがいて……。

—— フリーの？　無闇にかっこいい！

TOBI そう、法事なんかで家を空けるときなど、日当いくらで来てくれるんですが、その人たちもべェべェ言ってましたから。

—— そうなんだ……べェべェ。

TOBI ちがいます。そんなんじゃ牛は動かない。もっとこう、「べェ、べェ、べェェェ……」

—— ヤギの浪曲師みたい。

ひどい目 その八

地平線を望む雄大な北海道の牧場で
真紅に染まる夕日を眺めながら
あたたかい牛のフンを
全身に浴びた件。

TOBI Kさんは、ぼくのためにべェ音を数パターン実演して見せたあと、「じゃあ、待合室へ入れてみて」とだけ言い残し、向こうのほうへ行ってしまったんです。ぼくは「チチチ」のときの成功体験から、べェべェさえ言ってれば簡単に待合室へ入ってってくれるものと思い込んでいたのですが……今度は、まったく、言うことを聞いてくれないんです。

――甘かったんですかね、べェが。

TOBI 牛というのは、とてもかしこい動物なので、怖い人間に対しては乙女のようなしおらしさを見せる反面、新人や素人が来ると、ものすごくナメた態度を取るらしいんです。

――つまり、ナメられてたんですか？

TOBI そう、牛舎をよくよく見たら、まだ寝そべってる子さえいたくらいで。立ってすらいない。

TOBI その子の至近距離で「チチチチ」と言っても、教室のいちばん後ろの席に座っているスケバンのような目つきで一瞬こちらをチラッと見るだけで、フワァーとアクビして、また寝ちゃうんです。

――完全にナメられてますね。

TOBI
その子、ゲルちゃんて名前だったんですけど、近くに寄ってチチチ言おうが、ベェベェ言おうが、まったく動いてくれない。そしたら、ようすをうかがっていたKさんが「そんなんじゃあ、ダメだ、ダメだ！」と言いながらドスドスやってきて、いきなりゲルちゃんのお尻を蹴っとばしたんですよ。

――ひどい！　乙女のヒップを。

TOBI
いいえ、Kさんによれば、ゴム製の長靴で蹴っ飛ばしたくらいじゃ、牛にとっては蚊に刺された程度だと。ゲルちゃんもゲルちゃんで「チッ」みたいな目つきでこっちをにらみ、「**はいはい、時間ね**」という感じで、ようやく動き出したんです。

――はあ。

TOBI
とにかく「ナメられちゃダメ」ということはよくわかったので、ぼくは、ベェベェの音程を思いっきり下げ、できるかぎり威嚇的に、自分は怖い人間であると装っていたのですが……。

――ええ。

TOBI
ゲルちゃんをリーダー格とする6頭のヤンキー乳牛グループの構成員が、何トンという巨体で壁にドッシンドッシン体当たりをするわ、柵を破壊して脱走しようとするわ、おとなしい牛に馬乗りになろうとするわ。

――牛が馬乗りとは、これいかに。

TOBI　その、一部のヤンキー乳牛の破壊行為が他の一般牛たちにも伝染し、手のつけられない状態になってしまって。

――ヘタしたら生命に関わりますよね。

TOBI　一人一人がトン単位の体重を持つ園児が120人も集まって大暴れしている保育園のお庭のようすを想像してみてください。

――まるで「怒れる猛牛たちのコロシアム」です。

TOBI　そうでしょう？　まさしく地獄の戦場でした。ぼくは騒ぎを収める術も知らず、しばらく呆然と立ち尽くしていると、ゲルちゃんが調子に乗ったようすで近寄ってきて、いきなり「**ドスン！**」と、ぼくのお腹に頭突きを食らわしたんです。

――朝から何も食べてない、空っぽのお腹に。

TOBI　それが……痛いのなんの、人のお腹に「骨」などないと思いますが、「グキ！」という音が聞こえたほどです。猛烈に腹が立ったぼくは、「**ベェエエエ！**」と

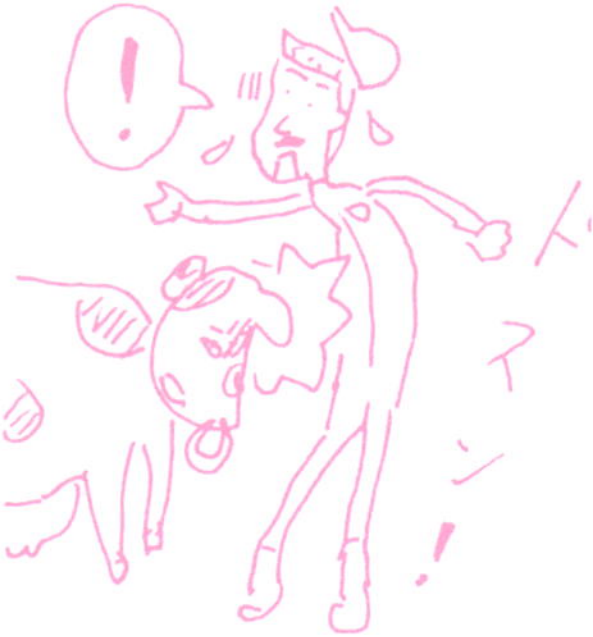

雄叫びを上げながら、目の前にあったゲルちゃんの尻を平手で叩いたんです、ありったけの力で。

——はい。

TOBI　そしたら……次の瞬間、**目の前が、真っ暗闇に閉ざされたんです。**あたたかいゼリー状の半液体に、顔面全体を、やさしく包まれるような感触とともにね。

まきばのカール・ルイスとなって。

——ゲルちゃんのお尻をひっぱたいた瞬間、ＴＯＢＩさんのお顔を包み込んだ「あたたかいゼリー状の半液体」って、まさか……。

TOBI　お察しのとおりです。

——そんな至近距離から、アレを、顔面に？

TOBI **直接噴射でした。**

——TOBIさん…………よくぞご無事で。

TOBI ぜんぜん無事ではありません。ショックから来るものだと思うのですが、視覚とともになぜか一時的に聴覚も失われており、しばらくの間、漆黒の闇のただ中をさまよい続けました。

——牛のウ◯チの牢獄に……とらわれのTOBI……。

TOBI とにかく、それまでの人生において、まったく遭遇したことのない「何か」が、ぼくの身に……具体的には、ぼくの顔面の中央に降り注いでいる……。

——そのことだけが、たしかだったと。

TOBI ことが起きてから10秒ほどでしょうか、徐々に視界が晴れてきて、まわりの雑音も聞こえはじめました。そのあたりで、ようやく悟ったんです。

——何が起きたのか……を。

TOBI そう、「ああ、俺は浴びたんだな……アレを。真正面から、モロに」とね。

——おそるおそるうかがいますが、TOBIさん、先ほどこうおっしゃいました。「猛烈に腹が立ったぼくは『べェェェェ！』と雄叫びを上げながら、目の前にあっ

ひどい目 その八

地平線を望む雄大な北海道の牧場で
真紅に染まる夕日を眺めながら
あたたかい牛のフンを
全身に浴びた件。

たゲルちゃんのお尻を平手で叩いたんです、ありったけの力で」

TOBI ええ。

—— 非常に気がかりなのが、「『ベェェェ！』と雄叫びを上げ」の部分。

TOBI はい。

—— ようするに、その「真実の瞬間」において、TOBIさんのお口は、「フルオープンの状態だった」と……!?

TOBI 残念ながら……**答えは「ウィ」**。

—— 南無阿弥陀仏南無阿弥陀仏……。

TOBI それどころか、興奮していますから、両の目はカッと見開かれ、鼻の穴だって、まるでパチンコの入賞口のように……。

—— ときに、興味本位でうかがいますけど、何でしょう、フレーバー的なテイストとしましては。

TOBI **ヨモギ餅**かな。近いところで言うと。

—— あ、草食だから。

TOBI そう、だから別に、くさくて死にそうってわけでもない。むしろ、**青々しくてフレッシュ。**おそらく、この本を読んでいるみなさんは、ぼくが、人として二

フレッシュ
ヨモギ餅

度と立ち直れないような地獄の噴射を浴びせかけられたとお思いでしょうが。
思ってます。

TOBI
その感覚だと、ちょっと、ちがうかな。つまり、牛から出てきたばかりだから、ピュアというか、少しも混じりけがないというか、こう……イキイキしてるんです。

そうか、一般的なウ◯チといいますと、トップリとした量感があり、ヒンヤリと冷たくて……「物静かな哲学者」というイメージですが、噴射直後は「あたたかく、ピチピチしていて、若々しさを封じ込めたような、半液体」だというわけですね。

TOBI
そう。ともあれ視覚や聴覚のはたらきは戻ってきたものの、しばらく動くことができませんでした。すると、他の牛たちも、こりゃあおもしろそうだぞということで、次から次へと棒立ちのぼくにひっかけはじめたんです。

フェスティバルですね、ある種の。フン・フェス。

TOBI
そう、120頭もの雌牛たちから、かわりばんこにウ◯チをひっかけられるという状況が、どれほど続いたのか……。とつぜん、怒り、悲しみ、笑い、痛み、かゆみ……など、さまざまな感情や感覚が押し寄せ、ぼくは、それまで出した

地平線を望む雄大な北海道の牧場で
真紅に染まる夕日を眺めながら
あたたかい牛のフンを
全身に浴びた件。

ことのないような声で「べェ！　べェ！　べェ！」と牛たちを追いかけ回したんです。

——泣いてから強くなるタイプですね。

TOBI ゲルちゃん率いるヤンキー乳牛軍団にもべェべェ詰め寄り、結果として120頭すべての牛を待合室に入れることに、成功したんです。

——ギリギリまで追い詰められた人間とは、ときに信じられない力を発揮するものです。

TOBI ここで、ぼくはシャワーを浴びたいなと強く思いました。噴射直後は「フレッシュ」だったものも、時間の経過とともに、じわじわ凶暴性を発揮し出していたから。

——ええ、話を聞いているだけの者としても、一刻もはやく浴びてほしいです。

TOBI しかしながらKさんは、ウ〇チにまみれたぼくをチラリと見るや「**かけられたか**」「**気をつけろ**」とだけ言い、次なるミッションを与えてきたんです。

——続行……。プロの世界は厳しい。

TOBI そのミッションとは、乳をしぼったあと、牛たちのエサを準備すること。あ、お夕飯のご用意。

TOBI　そう、ぜんぶで5トンのね。

――　単位は「トン」なのか……。

TOBI　それも、巨大なトラクターを操りながら、ものすごい量のエサをエサ場にまんべんなく噴霧するという、**まるっきり土木作業みたいな仕事**でした。

――　前の日まで葬式専門の花屋をしていた人が、巨大なトラクターを操縦して、5トンのエサを噴霧するなんて、できるの？

TOBI　Kさんは、それまで「原動機付自転車」すなわち「原付」くらいしか運転した経験のなかったぼくに向かって、いきなりキャタピラ仕様の重機を操縦しろ、と。

――　そんな無茶な！

TOBI　教えかたも、ものすごいザックリしていて「いいか、見てろよ。これがアクセル、これがブレーキ、曲がる、伸びる、縮む、開く、閉まる、ひっくり返す。いいな？」

――　できたんですか、操縦。そんなので。

TOBI　できるわけないじゃないですか。エンジンをかけたらエンストするわ、前進するごとに車体がガックンガックン上下に揺れるわ、ワイパーはブンブン空回り

ひどい目 その八

地平線を望む雄大な北海道の牧場で
真紅に染まる夕日を眺めながら
あたたかい牛のフンを
全身に浴びた件。

するわ、ウォッシャー液はピューッと飛び出すわ。
まるでコントじゃないですか。

TOBI でも、助手席のKさんはイシモトくんからぼくのことを酪農好きと聞いていたから、そんなの簡単にできるだろう、と思い込んでいたんです。なので、まったく操縦できてないぼくに心の底からガッカリしたようすで、「もういい、俺がやる！」と言って、ぼくを操縦席から追い出し、「お前は搾乳場へ行け！」「検査入院はあさってからにする！」と。

――でも、スッカリ忘れていましたけど、TOBIさん、「乳しぼり」で北海道を救おうと思って来てるから、ある意味、ここからが本番ですね。

TOBI そう、心身ともにボロボロでしたが、ぼくは、もういちど気力を奮い立たせました。ここからが勝負だ、と。

――そうか、いまとなってはウ○チまみれの人って印象しかないけど、直前までは「前の晩に一睡もせず、腹を減らし、親知らずを抜いて顔面を腫らしながら、角刈りで、空港の長い廊下を全力疾走してきた末に雨に濡れた砂場のような顔色になった人」だったわけですものね。そこにウ○チが乗っかってきたと。よくも生命がありましたね。

TOBI あたりは、すっかり日が暮れていました。空腹と顔面のしびれと角刈りとウ◯チが渾然一体となり、精魂ともに尽き果てそうだったのですが、ギリギリのラインで踏みとどまり、天井からブラ下がっている無数の搾乳機を、次々とやって来る牛の乳首に……。

―― ええ。

TOBI ポコッとはめてはお乳をしぼり、ポコッとはめてはお乳をしぼり……。施設の中をあちこち右往左往しながら休む間もなく動き続けて、2時間をかけ、120頭全員のお乳をしぼったのです。

―― つまり、ようやく仕事終了？

TOBI 本来ならば、ほとんど終了でしょうね。しかし、このときは5トンのエサを噴霧し終えたKさんが、牛舎のほうから「**戻ってこい！**」と叫んでいたんです。

―― ……ええ。

TOBI かなりエマージェンシーのようでした。何ごとかと飛んで行くと、ある牛が出産をしていたのですが……生まれた仔牛に、野生のキツネが襲いかかっていて。

―― え！

TOBI そのこと自体はめずらしいことではなく、目を離した隙に、生まれたての仔牛

ひどい目 その八

地平線を望む雄大な北海道の牧場で
真紅に染まる夕日を眺めながら
あたたかい牛のフンを
全身に浴びた件。

がキツネに食べられてしまうことがあるそうなんです。このときは、お乳をしぼり終えた子が、牛舎に戻ってすぐに産気づいたみたいで。

TOBI　いきもの相手というのは、本当にすごい。次から次へと、何かが起こる……。Kさんも奥さんも、新人のぼくのことばかり気にかけてたから、仔牛に目が行き届いていなかった。

――ああ……それで、キツネに。

TOBI　みんなで必死にキツネを追い払いましたが、残念ながら、仔牛はすでに息絶えていました。長い1日……というか、寝てませんから昨日の朝からの長い長い2日間の最後に、死産という悲しい出来事に立ち会うなんて、想像もしていませんでした。

――そうですよね……。

TOBI　ともあれ、そんな騒動にも収拾をつけ、あたりを掃除し終えたら、夜の9時くらいになっていたんです。

――こんどこそ、ようやく、作業終了。

TOBI　はい。そこでぼくはKさんからしぼりたての牛乳を飲ませてもらいました。もう、何十時間ぶりかに味のするものを口に入れたわけですが……。

――その間、ヨモギ餅的なフレーバーの何かは、思いがけず味わったものの。

TOBI　ええ、人間が口にしてもいいものとしては、何十時間ぶりです。疲れ果てていましたし、搾乳、急な出産、それも死産に立ち会って、いろんな感情がないまぜとなっていたから、もう……涙が出るほどおいしくてね。

――世界一の牛乳ですよ、それ。きっとね。

TOBI　何より、ようやく、**シャワーを浴びれる！**　そのことが、ぼくに生きる力を与えました。髪の毛、眉毛、まつ毛などすべての毛と、耳の穴、鼻の穴、毛穴などすべての穴を、強力な洗剤とタワシでこすりたかった……。

――そうでしょう……ね。

TOBI　プレハブ小屋に帰り、脱衣所で汚れた作業着を脱ぎ捨てると、身体中アザだらけでした。例のゲルちゃんはじめ不良牛グループの「じゃれつき」によってね。満身創痍とは、まさにこのこと。

TOBI　そして、待ちに待った熱いシャワーを全身に浴びようとした、まさにそのとき……。再びKさんが「はやく来てくれ！」と。

――え？

TOBI　**「牛舎に戻ってこい、仔牛が生まれる！」**

ひどい目

その八

地平線を望む雄大な北海道の牧場で
真紅に染まる夕日を眺めながら
あたたかい牛のフンを
全身に浴びた件。

―― は？

TOBI さっきの子、「双子」だったんですよ。

―― 何と！

TOBI いまやフンで冷えきったつなぎをもういちど身につけて牛舎に急行すると、母牛の「腰」が抜けてしまっていました。そのために「緊急帝王切開手術だ！」と。

―― すさまじい展開……。

TOBI 手術と言ったって自分たちでやるので、ぼくが暴れる足を押さえつけ、Kさんがおなかを切り開いて、仔牛を取り出して……。でも、そうやってこんどは、無事に生まれてきたんですよ。

―― よかった！

TOBI すべてが終わったとき、時刻はすでに深夜0時をまわっていました。こうして、自分史上、「もっとも長い一日」が終了したのです。

―― ちなみに……その牧場には、いつまで？

TOBI Kさんは数日で病院から帰ってきたのですが、次なる助っ人が見つかるまではたらいてほしいと言われ、**結局、それから半年間、お世話になりました。**

―― え、そんなに!?

TOBI

酪農家志望の若者が見つかったころには、真っ黒に日焼けし、角刈りもスッカリ伸びきって、ぼくは、さながら「**まきばのカール・ルイス**」となって、東京のアパートへ帰っていったのです。

――あ、そのアパートって……もしかして？

TOBI

そう、それから数カ月後のことでした。奴が……空き巣が住みつき出したのは。

（ひどい目その九へつづく）

ひどい目

その八

地平線を望む雄大な北海道の牧場で
真紅に染まる夕日を眺めながら
あたたかい牛のフンを
全身に浴びた件。

▼フランスで初めて踏んだフンは馬糞。リュクサンブール公園の裏の公道で。

ひどい目

その九

就職する会社が、つぎつぎと倒産していった件。

ポカーン……

えーっ……

揺れる不動ハウス、3号室。

―― 新卒で就職した会社を皮切りに、勤務先が次々と倒産していったことは、これまでうかがったさまざまな「ひどい目」のお話の中に、たびたび出てきましたよね。

TOBI はい。

―― ついたあだ名が、倒産請負人……。

TOBI それは、あなたがつけたあだ名でしょ。

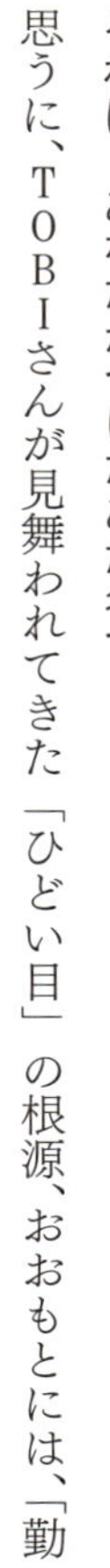

―― 思うに、TOBIさんが見舞われてきた「ひどい目」の根源、おおもとには、「勤

めた会社が次々に潰れていった」という不運の連鎖が……。

TOBI　陰に陽に、作用していたと思います。

ですよね。勤めた会社さえ潰れなければ、パリで銀行強盗に拳銃をつきつけられることもなかったし。

TOBI　大西洋の真ん中で漂流することも、部屋中に汚水が溢れてゾンビ化することも、さかのぼって、空き巣と生活をともにすることもなかったでしょう。

つまり、決して派手派手しさはないけど、ＴＯＢＩさんの人生にじわじわ「ひどい目」をもたらしていったすべての元凶……それが倒産スパイラル。

TOBI　そう言えるのかもしれません。この話をするには、まず大学４年生のときの自分の状況から、はじめるのが良いでしょう。

今日も長いストーリーになりそうですね。どうぞ、お願いします。

TOBI　わかりました。では……。大学生のころ、ぼくは「家賃２万７０００円のアパート」に住んでいたんです。

知らぬ間に空き巣が住みついていた、あの練馬のアパートとは、また別の。

TOBI　ええ、そのふたつ前に住んでいた物件です。日当たりゼロで、トイレは和式で、共同で。不動ハウスという名前のアパートで、**えらい揺れるんです。**ちょっとの地震でも。

TOBI

「不動」ハウスなのに。

——

築ウン十年はダテじゃない、ぜんぜんドッシリしてない不動産でした。今日はすこし風が強いなくらいの日でも、当時、近所でよく見かけた宍戸江利花さん、つまりアジャ・コングさんが、大家さん相手に稽古でもつけているのかなと思うほど。

TOBI

ブレーンバスターを。垂直落下式の。大家さんに。

——

五畳の部屋の南向きの窓を開けると、そこには隣の金属部品工場のコンクリートの壁が、鼻先数センチのところに。

TOBI

せっかく南向きなのに……。

——

風呂なし物件でしたから、毎晩、目黒不動尊の境内を突っ切っては不動浴場という湯へ通っていました。

TOBI

水かけ不動にギロリとされながらね。

——

結局、不動ハウス3号室には、3年半くらい住むことになるんですけど、一言で表現するなら、そこは「**ものすごくネズミの通過する部屋**」で。

TOBI

通過？　ネズミが？　部屋のなかを？

ひどい目 その九

就職する会社が、
つぎつぎと
倒産していった件。

TOBI

そう。あれって、何ていうんでしたっけ。長押でしたっけ。よくハンガーか何かをかけておくとこ、あるじゃないですか。一日の終わりにボーッとしてたりすると、あそこを通過するんですよ……ネズミが。

我が物顔で。

TOBI

そう、とくに急ぐようすなどもなく、ゆうゆうと、どこか人を馬鹿にしたような感じで。**チョロッ、チョロチョロッチョロッ、**みたいな。

地味に腹が立ちますね。それ。

TOBI

それも、ぼくの部屋の居心地がいいとかそういうことじゃないみたいで、右隣の4号室から左隣の2号室へと抜けていくだけでした。

TOBIさんの部屋は、単なる通路?

TOBI

4号室と2号室が、どれだけパラダイスだったのかはわかりませんけど、言ってみれば、わが3号室は、ディズニーランドとディズニーシーの間をつなぐだけの、ただの道……。

ネズミだけにね。うまい!

TOBI

2万7000円を払って、自分は「道」に住んでいるのかと思うと、複雑な気持ちになりました。

――目ぼしいものがなかったんでしょうか。穴の空いた三角形のチーズとか。

TOBI そんなものは、絶対なかったでしょう。落ちていたとしたら、商店街のアラレ屋さんでもらってきた、**クズのアラレのカス**くらいです。

――クズのアラレの……さらにカス。

TOBI アラレってもともと米だから、お湯で戻すとオカユになるんですよね。しょうゆ味、塩味、梅味、生姜味など、味も豊富で飽きないんです。

――へえ。

TOBI 20代前半の炭水化物は、主にそのオカユで補給していました。青春ですね。

TOBI ともあれ、自分の部屋は、ネズミにさえ見向きもされず通りすぎられてしまう、ただの道にすぎない。そう思うと、もう……小憎らしくて小憎らしくて、人として。

――退治しようとは？

TOBI いちど、部屋にネズミ捕りを仕掛けて生け捕りにしたものの、そのネズミをどうしようもなくなっちゃって。小憎らしいとはいえ、生きているので。手のひらのなかで、小刻みに震えながら。

——それは、たしかに……。実際に捕まえたらどうしたらいいのか。飼うわけにもいかないし。

TOBI いくらなんでも、おなじ哺乳類として、息の根を止めるなんて無理でした。自分のような人間に、こいつの命を奪う権利があるのか、と。そこで、もう捕まるんじゃないぞと、お隣の4号室へ通ずるトンネルへ、そっと放してやりました。

——捕まえたのはあなたですよね？

TOBI そして、そのあとすぐに金タワシで通り道のトンネルを塞いで、4号室の住人に始末を委ねたんです。

——オペレーション・ネズミ・ブロック発動。

TOBI それ以降、ネズミたちの姿は、すっかり見かけなくなったんですが……。

——作戦が功を奏したんですね！

TOBI 漂ってくるんです……台所のほうから。

——それは……やつらのヴァイヴスが？

TOBI いえ……もっと邪悪な……**「異臭」が。**しばらくの間、気付かないふりをしていたんですけど、すぐに耐え切れなくなり、台所の隅や暗がりなどを調べるうちに、ずっと冷蔵庫の電源コードとばかり思っていた「ネズミ色をした細長いもの」が……。

TOBI ― そう……お亡くなりあそばされた……ネズミの、ね。

まさか、し、し、シッ…………ポ？

TOBI ― うーわ。

すべてのトンネルを封鎖してしまったことで、通過中のネズミが閉じ込められ、わが3号室の片隅で、あわれ、ミイラに……。

TOBI ― 裏目。作戦が。鮮やかなほど。

これはまったくの余談ですが、次のアパートは「メゾン愛」という物件だったんですが、その部屋では、コンビニの中華丼をさあ食べようとフタを開けた瞬間、**とつぜん天井が抜けて屋根裏のネコが落ちてきたんですよ。**

TOBI ― ホッカホカの、中華丼の上に？

フギャーとか言って猛烈に怒ってました。熱かったんだと思います。

TOBI ― あ、で、次の練馬のアパートが……。

そう、例の「空き巣」が住んでいた部屋。**ネズミ↓ネコ↓空き巣**と、順調にステップアップしていったんです。

就職する会社が、
つぎつぎと
倒産していった件。

――そんなステップアップなんてイヤですし、最後、ロケットジャンプじゃないですか。何しろ人間で、人間の中でも「空き巣」で、空き巣の中でも「4億盗んだ空き巣」って。

TOBI ともあれ学生時代を通じて、そのような部屋に住んでいたのですが、とくに冬場は、寒くて寒くて。

――でしょうね。通路って、たいがい寒いですもんね。

TOBI 大学4年の卒業試験の日など、ちいさなコタツしかない極寒の部屋で徹夜の一夜漬けをしたせいで、目黒の駅前で原付バイクを停めた瞬間、ギックリ腰になってしまったんです。

――えーっと、それは、スタンドをガクッと起こすときに？

TOBI そう、おのれの腰も一緒にギクッとね。人生初のギックリ腰だったもので、一瞬、何が起きたのか……何しろ、原付を停めたと思った瞬間、右の頬が、真冬の冷え切った都会のアスファルトにバチーンと叩きつけられていたんです。

――重力とは、何とも非情です。チリひとつ、逃しはしない。

TOBI チリ……そうですね、当時のぼくは、ネズミにさえ見下された、チリに等しい人間だったわけですが、重力ってやつは見逃しはしてくれませんでしたね。結果として、二本足で立ちあがることができなくなり、でも、その日、卒業試験が5つもあったので……。

—— そんなに？

TOBI 単位がギリギリだったんです。だから絶対に遅刻できず、**四つん這いのまま、**目黒から田町まで、通勤ラッシュの山手線に乗りました。

—— 正気ですか。

TOBI そのときです。「満員電車の中で四つん這いをしているようなやつは、人間扱いしてもらえない」という、都会の掟を学んだのは。

—— そのお姿を想像するに、本当にすみませんが笑ってしまいます。

TOBI でしょうね。いまとなっては自分でもね。さらには「四つん這いでも、どうにか階段を上ることはできるが、階段を下りるのがむつかしい」という人生の真実にも、直面しました。

—— さらに田町からご出身の慶應義塾大学まで……って、決して近くはないですよね。少なくとも、這っていく距離じゃない。

ひどい目 その九

就職する会社が、
つぎつぎと
倒産していった件。

TOBI

そうです、あの日ぼくは、あの距離を、四つん這いで進んだのです。こんな厳しい人生の試練を乗り越えれば、きっと自分は大きくなれる、きっと、二度とひどい目に遭わずに済むと信じて。

TOBI

その願いとは真逆の人生が待ち受けていたわけですけどね。

何人かの顔見知りが、顔をあからさまに真横に逸らしながら、何人かのクラスメイトが「何やってるの」と冷たく言い放ちながら、四つん這いの男の傍らを、足早に通り過ぎていきました。

TOBI

誰も助けてくれなかったんですか？

何せ卒業のかかった試験ですから。時間に遅れてはまずいし、彼らのあのよそよそしさからすると、アート的な行為か何かだと思われていたのかもしれないです。

TOBI

そうか……卒業試験というものに対する、アピールというか、ボイコットというか。ハンガーストライキみたいな感じで、四つん這い通学。わかりにくい！

幸いなことに教室の椅子に座ることはできたので、ひとつの試験が終わったら、そのまま直に床に降り、**四つん這いで次の教室に移動して、**何とか5つの試験をこなして。

TOBI

——TOBIさん……。

TOBI

人間、死ぬ気になれば何とかなるもの。結果的には、ぶじに大学卒業のお免状を勝ち取ったんです。そして、学生時代からたびたび単発のアルバイトをしていたイベント制作のトレジャー・アイランドという会社に、就職することになるんですが……。

——つまり、その会社が、長く険しい「倒産スパイラル」の……。

そう、はじまりだったんです。

ある日とつぜん無職となりて。

——しかし、世にも稀なる「ひどい目」人生の幕開けとなった会社の名が、トレ

TOBI　ジャー・アイランド……宝の島だとは。のちの展開を考えると「どこが宝の島なのかな」と思ったことも一度や二度ではありません。トレジャー・アイランドの倒産を皮切りに、多くの「ひどい目」に見舞われましたが、でもこうして、めぐりめぐって「ひどい目」で取材してもらっていますし、やっぱり「宝の島」だったのかも。

――　なんて前向きなシンキング……。話を戻すと、その会社で学生時代にバイトをされていたんですね。

TOBI　ええ、神宮球場で客席にファウルボールが飛んできたときに、「気をつけて！」という意味で「ピィ！」とフエを吹くバイトと掛持ちで。

――　業務内容は？

TOBI　テレビや舞台などのイベント制作全般。

――　卒業後、そのまま就職するパターンで入社。

TOBI　そう、代々木から参宮橋へ向かう途中に小田急の高架があるんですが、当時、そこを越えてすぐのビルの2階にトレジャー・アイランドはありました。

――　あー、あるある。高架ある。代ゼミの道を下ってきたところですよね。

TOBI　あれは……新社会人気分もすっかり抜け、5月病にかかるヒマもないほど、日々に忙殺されていた、6月の梅雨どき。もう、何日も何日も雨降りだったんですが、なぜかその日だけは晴れ、ちょっと蒸し暑いくらいの、水曜の朝。

―― ええ。

TOBI 久しぶりの晴れ間に、ふだんより少しだけ気分よく会社へ向かっていると。

―― 四つん這いで。

TOBI いえ、二本足で。さすがにギックリ腰は治ってましたので。

―― なるほど。

TOBI 高架下の暗がりの中から、**白い服を着た、まるで亡霊のような女性**が、フラフラ……と……あらわれたんですよ。

―― ほう……。

TOBI すっかり魂の抜けたような雰囲気で、足取りもおぼつかず、何だかうわ言をつぶやきながらこちらへ歩いてくるんです。よく見るとその人は社長秘書のシライさんでした。

―― はい。シライさん。

TOBI その、あまりの異様なようすに、ぼくは声をかけられずにいたんですが、シライさん、すれちがうときにブツブツとこうつぶやいていたんです。「会社がない……会社がない……**会社がないのよ……はは、ははは……**」

ない？

TOBI ぼくは、シライさんが、どうにかなってしまったんだと思い、会社への道を急ぎました。

みんなに知らせようと思って。ええ。

TOBI 遠ざかっていくシライさんを気にかけながらも、高架の暗がりを抜け、ビルにたどり着き、年季の入ったエレベーターのトビラをこじ開けるようにして開けて、「大変だ、みんな、シライさんが！」と叫ぼうとしたら……。

ええ。

TOBI 目の前には、何にもなかった……いや、何もない空っぽの空間が、あった。

つまり。

TOBI 亡霊と化したシライさんの言うとおり、トレジャー・アイランドが、跡形もなく消え去っていたんです。

消え去る、というのは「物理的な消滅」？

TOBI そう、トレジャー・アイランドのM社長が、前の晩のうちに、すべてを持ち去って夜逃げしていたんです。

—— 最初の倒産は、夜逃げのスタイル……。

TOBI そのとき生まれてはじめて夜逃げの現場を目の当たりにしたわけですが、「**もぬけの殻**」とは、まさにあのこと。

—— そんなにも、何にも？

TOBI なくなっていました。社員のデスクや椅子、棚などの家具類、冷蔵庫やコピー機、パソコンなどの電化製品はもちろん、じゅうたんはきれいに剥がされ、キッチンのシンクも持ち去られていたし、ウォッシュレットや便座を含めてトイレは無残にも便器だけの丸裸となり、ティッシュも、ゴミ箱も、灰皿も、トイレットペーパーも、蛍光灯から、小さな豆電球にいたるまで、金に換えられそうなものは、ことごとく。

—— その大仕事を、M社長はたったひとりで？

TOBI どうでしょう、わかりません。そのような「専門業者」に依頼したのか、夜逃げを察知した街の金融業者が、われさきにと金目のものを奪ったのかもしれません。どっちにしろ、たった一晩でここまで会社というものの全存在を跡形もなく消し去ることができるのかと。

—— 大人の仕事ですね。前の晩の、M社長のようすは？

TOBI 制作会社ですから、社長以下、みんな遅い時間まで仕事していました。不自然なやさしさもなく、逆に、ふだんより機嫌悪そうでもなく、たんたんと、いつもどおりに。

── M社長……役者ですね。

TOBI 前触れなど一切なかったんですけど、いま思えば、涼しい顔をして夜逃げの計画を練っていたんです。

── 無職が突然、降ってきたわけですが、そのときどんな気分でしたか。

TOBI 4月のあたまに入社して、夜逃げが6月の末の出来事ですから、3ヶ月で職を失ったんですよ？　預貯金もまったくありませんでしたし、なんだか、丸裸で大海原を漂流するような心細さでした。

── 数年後、実際に大西洋で漂流しますがね。ほとんど丸裸の状態で。でもそうか、お給料と言っても、まだ1回か2回、もらっただけだから。

TOBI それが、もらってないんです。

――ええっ、一度も？

TOBI　はい。

――入社して、いきなり給料滞納？

TOBI　そうです。

――それ思いっきり前触れじゃないですか。夜逃げの。

TOBI　いま思えばね。「正社員として雇う手続きが整うまで、ちょっと待って」という社長の言葉を信じていたんです。

――入社から3ヶ月間……タダばたらきとは。

TOBI　社会に出るのははじめてでしたから、4月にはたらいた分が6月の末くらいに入るっていうのは、まあ、そういうことなのかな、**社会ではたらくって厳しいんだなあ**って思っていたんです。ともあれ、そのようなわけで、ただの一度もお給料をもらわないうちに、最初の会社がなくなったんです。

――こうして「倒産スパイラル」が……。

TOBI　静かに、回転しはじめたのです。

――その後の「倒産状況」を、ざっと教えていただけませんでしょうか。

TOBI　いいでしょう。まず、ふたつめの仕事は、化粧品販売の「ワゴンＤＪ」でした。

——DJ……ってディスク・ジョッキーのこと?

TOBI 郊外のショッピングモールのエスカレーターの前などに派遣されて、化粧品のワゴン脇に陣取り、「ただいまより、タイムセェェエーール！　奥さん、いまだけ！　いまだけですよ！　落ちない口紅、ふだん1500円のところいまなら特別特価、たったの1000円！　さらに、口紅の試供品をふたつおつけします！」みたいなことを、あれこれと身振り手振りを交えながらマイクで叫ぶ係です。

——それって「DJ」なんですか。

TOBI そうやって呼ばれるんです。BGMとかマイク・パフォーマンスはすべて任されているし、うまいことお客さんがノッてくれたら次の指名が掛かるので、いわゆる「DJ」と同じ感じなんです。相手は全員、おばちゃんですけど。

——世の中には、まだまだ知らない仕事があるなあ！

TOBI 半年くらい続けていたら、東北や北陸に泊りがけで呼ばれたり、DJとして徐々に人気も出てきたんですが。

——才能あったんだ。

TOBI 大崎にあった派遣元の会社が潰れました。

TOBI

――売れっ子DJ、路頭に迷う……。

そこでこんどは、2週間の研修を経て、ツアコンとして尾瀬を案内しはじめた矢先にバスツアー会社が倒産し、パソコン本の編集部に潜り込んだと思ったら、社長が朝礼で「明日で会社を潰す」と。

TOBI

――ある意味……順調に。

坂道を転がるように。その後は、おじさま向けフーゾク店のもぎたて情報紙の三行広告を取る仕事、ベランダのラン栽培専門の温室製作業、葬儀専門の花屋、牛乳しか飲めない下戸の極道さんが2000万くらい「集金」した帰りに寄っていくバーのバーテン、出版社の下請け会社で芸能ゴシップの裏取り、冷たい地下室で半透明のビニールシートを50センチ四方の正方形にえんえんカッティングする不気味な仕事……。

TOBI

――それらが、すべて、倒産したんですか。

中には、倒産してない会社もありますよ。空き巣と暮ら

していた時代に勤めていた古本屋はブックオフに吸収されただけだし、以前にお話しした北海道のK牧場も、規模は縮小したけどまだ経営しているはずです。おそろしくて確認していませんが……。

TOBI ――なるほど。

ただ、入る前に倒産するケースもありました。吉田日出子さん、笹野高史さん、小日向文世さんなどがいらっしゃった劇団の劇団員の試験を受けてみたところ合格してしまったのですが、一週間くらい後に何気なくテレビをつけたら、「オンシアター自由劇場が解散」というニュースが流れて、「えっ？」と。

TOBI ――は、激しい……倒産スパイラルというより、いっそ倒産ハリケーン。

ともあれそのあとは、かような暴風雨に飲み込まれていくんですが、トレジャー・アイランドの社長が夜逃げした日に話を戻しますとね。

TOBI ――ええ。

亡霊秘書のシライさんと同じように呆然としながら、空っぽのオフィスにたたずんでいたら、社員がポツポツ出社してきたんです。

TOBI ――いまや、何にもなくなった「宝の島」に。

社員全員がそろったくらいのところで、どこかで正気に返ったのか、シライさんも人間に戻って帰ってきました。そこで「**これは社長が夜逃げした跡であって、ゆえに会社は倒産した**」ということを、全社員で確認したんです。

TOBI

――やはり、誰も知らなかったんですか。昨晩の社長が夜逃げ寸前だったこと。

はい、そのようでした。ほどなく、シライさんはじめ、会社のメインどころを担う先輩たちはテレビ局をはじめ、取引先との電話対応に追われはじめて。

TOBI

――ええ。

といっても会社の固定電話もなくなっていたので、道端の公衆電話から、ですが。そして、下っ端のぼくたちは「ひとまず、今日は自宅に戻ってください」と。

TOBI

――やることないですもんね。

デスクも椅子もないし、床に座っているしかないんです。なので、これからどうなるんだろうと、明日も床に座るためだけに出社するのかなとか、不安に駆られながら家路につきました。

――揺れる不動ハウス、3号室へ。

TOBI

はやく心と身体を休ませたいと、寄り道もせずまっすぐ自宅へ帰ると、待ち構えていたかのように、コンコンと扉を叩く人がいるんです。

――まさか、夜逃げしたM社長!?

TOBI いいえ、不動ハウスの大家さんでした。２万７０００円の毎月の家賃も滞納してませんでしたし、大家さんが部屋を訪ねてくることなんてめったにないので……。

—— イヤな予感がします。パターン的に。

TOBI 何の用事かと思って解錠すると、木製の扉をギィ……と開けた隙間から顔を半分だけ出した大家さんが、こともなげに、こう、言ったんですよ。

—— はい。

TOBI **「こんど、このアパートをつぶして墓にするから、出ていってください」**

—— えっ、家まで!?

TOBI 家まで。

—— 会社がなくなったのと、同じ日に？

TOBI **同じ日に。**

ぼくは「ひどい目」から生まれた。

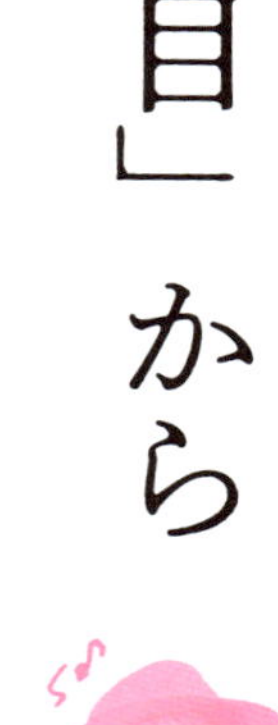

——四つん這いで大学を卒業してまで就職したトレジャー・アイランドが、たった3ヶ月で社長の夜逃げで倒産し、一夜にして無職となった当日、住んでいたアパート、不動ハウスの取り壊し宣告が下される……。

TOBI ウィ。

——神の怒りにでも触れたのでしょうか。

TOBI 実際、その言葉を聞いたとき、この人、何のことを言っているのかなと、理解が追いつきませんでした。

——取り壊しは、すぐ実行されたんですか？

TOBI もともと壊しやすかったんでしょうね。不動ハウスは、すぐに墓となりました。

ぼくの3号室は建物の2階にあったので、ちょうどあのあたりで、寝たり起きたりしていたことになります。（※現地でインンタビューしました。）

――ああー、いまや「空中」。あのあたりで、ネズミに腹を立てたり、ネズミの穴を塞いだり。

TOBI　ネズミのミイラに手を合わせたり。

――でも、以前、自分の住んでいた部屋が、いまは「ただの空」って、ちょっと不思議な気分になりませんか。

TOBI　なります。ぼくは、あの「空」に対して月々「**2万7000円**」を、3年半の間、払い続けていたかと思うと。家賃とは何かとさえ、考えてしまいます。

――家賃とは何か。……深い。深すぎる。

TOBI　ともあれ、ぼくは、言うだけ言って去っていく大家の背中に向け「わかりました。なるべくはやく荷物をまとめます」とつぶやくので精一杯でした。そして、木製扉をパタンと閉めるなり前のめりに昏倒、そのまま眠り込んでしまったんです。

――あまりの急転直下の連続に。

TOBI　眠るという行為は、ぼくら人間に備わる防衛機構なんですね。人って、これ以上、現実を受け止める余裕がないとなると、眠ってしまうみたいです。

そういう虫いますよね。

TOBI　だから、そのときのぼくも、眠って、眠って、眠って、眠って……気付けば**20時間くらい眠ってしまっていて。**

にじゅうじかん？

TOBI　眠り込んだのがお昼の11時すぎで、意識を取り戻したのが、翌日の朝の7時すぎだったんです。目覚めたときに壁の時計を見て「あ、もう夜か。けっこう寝ちゃったなあ」と思ったんですが、共同トイレで用を足しながら、すりガラス越しに外を見たらスッカリ朝でした。

ほとんど「気絶」ですね。

TOBI　でもぼくは、そこで「ああ、よかった。ぜんぶ夢だったんだ」と思ったんです、なぜか。M社長が夜逃げしたことも、一銭ももらえずに会社が倒産したことも、今いるこの部屋が間もなく取り壊されてお墓になることも、ぜんぶ夢だったんだ……って。

そう思わせたんですかね、脳が。

TOBI　自分で自分をだまそうとしていたのか、20時間も寝るとそうなるのか、わかり

ひどい目
その九

就職する会社が、
つぎつぎと
倒産していった件。

ませんが、もしかしたらという一縷の望みを抱いて会社に出勤してみると。

夢では、なかった。

TOBI 会社は、やっぱり、ありませんでした。ただの「床」となったオフィスには、事後処理に出てきた管理部門の人が座り込んで何かの書類に猛烈に記入していたり、何とかM社長をつかまえようと作戦を練る若手社員たちが座り込んで相談していたりしました。

で、見つかったんですか。M社長。

TOBI いえ、自宅マンションも手放しており、携帯電話はもちろん不通、奥さまとも直前に離婚していたらしく、ご家族に聞いても「わたしたちにも、わかりませんので」の一点張り。結局、M社長の居所を突き止めることは、できませんでした。

用意周到、計画的。まんまと逃げ切ったんですね、M社長。

TOBI 手がかりすら、つかめませんでした。でも、今回、ふと思い立ってM社長の名前をグーグルで検索してみたんですよ。

おお、この時代ならではのIT捜索！　どうです、ヒットしましたか？

TOBI 社長は現在、イベント制作とはまったく関係ない業界で大成功していました。

経営コンサルタントの肩書も持っており、具体的な書名は伏せますが、**「なんど負けたっていいのが、人生だ。いちど勝てれば、それでいい」**みたいな題名の本も出版していました。

TOBI
M社長、復活したんだ！

——
そうみたいです。その本を取り寄せて一読しましたが、夜逃げのあとに自己破産し、借金取りから逃げながら隠遁生活を送り、月収数万円から再スタートを切るも、それもやがて行き詰まり自殺未遂までしてしまったそうです。そのあと、いまの事業で成功されて。そこにも、ひとつの人生がありますね……。ただ、「なんど負けてもいい」というのは、いささか気になるワードですね。

TOBI
そうなんです。

——
ご本人は言いづらいと思うので代わりに言いますが、その「負け」のなかのひとつをきっかけに、幾多の「ひどい目」に翻弄された人生が、いま、この目の前にあるわけなので。

TOBI
M社長にも、いろいろあったんでしょう。給料はもらえませんでしたが、うらんではいません。前向きに考えれば、トレジャー・アイランド倒産のおかげで、パリで、ピンク色の妖精に生まれ変われたとも言えるのですから。

―― そうですか？ じゃ、まあいいか。

TOBI それより、夜逃げからしばらくしてから、シライさんのところに、関西方面のある町に潜伏しているらしいM社長から電話がかかってきたそうなんです。

―― へえ、コートの襟を立てたM社長から？ いったい、どんなご用件で。

TOBI まあ、みんなには迷惑をかけたとか、そんな話だったんでしょうが、そのなかに、ぼくへの伝言があって。

―― ほう……伝言。

TOBI なんでも「石飛は、何だかわからないけど特別な才能を持っているような気がする。あいつは必ず成功するから、**これにめげず、がんばれと伝えてほしい**」って。

―― わあ、すごい。でも、超勝手！

TOBI その時点では、がんばりようがないんです。トレジャー・アイランドという、がんばる場が、なくなってる状態ですから。

―― でも、ＴＯＢＩさんを見込むなんて、人を見る目はあったんじゃないですかね。

TOBI いや……それは、わかりません。ぼくを正社員として雇ってしまった時点で、どうなんでしょうか。

―― そうか、あなたのあだ名は「倒産請負人」……。

TOBI ちなみにですが、失った職リストのなかに「劇団員」というのがあるんです。

―― ええ、何でも、その劇団には、吉田日出子さんや、笹野高史さんや、小日向文世さん……など、そうそうたる面々が所属していたと。入る前になくなるという、倒産スパイラルの中でも特殊なケースですね。

TOBI 試験に合格した一週間後くらいに、劇団の解散をニュースで知ったんですが、そのときも、小日向文世さんから、ぼく宛にメッセージが届いたんですよ。

―― またメッセージ。こんどは、何と？

TOBI 「絶対あなたは役者を続けたほうがいい。劇団は解散しますが、今後も、あきらめずにがんばって」と。

―― 小日向さんから？　すごいじゃないですか！

TOBI でも、そのときにはすでに劇団はなかった。がんばる場所が、また……なかった……。ちなみに、なんとなく思い出したん

ですが、ＴＯＢＩさんって、あの内山田洋さんの付き人もやっていたと以前チラッと言ってませんでした？

TOBI　はい。大学3年のときに1日だけなので「やっていた」というより、「やったことがある」というくらいですが。

——　それは、どのようないきさつで？

TOBI　ぼく、高校生のころから前川清さんの大ファンだったんですけど、当時、ある若者向け雑誌で「弟子入りしたい若者」という企画があり、友人が関わっていたんです。

——　へえ。

TOBI　1年間、宮大工とか画家、陶芸家なんかに若者を弟子入りさせて、そのようすをレポートする企画なんですが、「あと何人か増やしたいんだけど、石飛くん、誰かに弟子入りとかどう？」と聞かれて。

——　ええ。

TOBI　ほんの軽い気持ちで「**前川清さんに弟子入りしたいな**」と言ったんです。すると、それが「**内山田洋さんに弟子入りしたいな**」と伝わってしまって。

——　いったいどうして……。

TOBI そしたら、編集部の人が「おもしろいじゃない、それ！」と盛り上がり、内山田さんサイドに、すぐさま話を取り付けてしまったんです。

―― たしかに前川清さんと言えば、あの「内山田洋とクール・ファイブ」のメイン・ボーカルでしたけど。でも……なぜ、1日で終了に？

TOBI 内山田洋さんは、本当にすごい人ですし、自分などにはもったいない、得がたい経験ではあったんですけど……。

―― ええ。

TOBI 初日の仕事は、内山田洋さんを銀座の寿司屋にお連れする、というものでした。内山田さんをクルマで寿司屋にお送りして、数時間車内で待機し、内山田さんがお寿司を食べ終わったら事務所に連れて帰ってくる。

―― それって、つまり「送迎」ですね。

TOBI ただ、それだけの仕事なんですが……ぼくがなってなかったんだと思いますが、内山田さんからは、ぼくの一挙手一投足に関しまして、たいへん厳しいご指導をいただきまして。

―― 芸能界、歌謡界というところは、礼儀にはじまり礼儀に終わるようなイメージがあります。

ひどい目 その九

就職する会社が、
つぎつぎと
倒産していった件。

TOBI ―― そうです……そうです。そのとおりです。礼儀知らずの学生でしたし、到底これは自分には勤まらないと思って。

TOBI ―― ええ。
初日のつとめが終わったところで、編集部の人に泣いてお願いしたんです。「本当に、もうしわけございません。**前川清さんがいないんです**」って。

TOBI ―― それで、1日弟子入り体験みたいになってしまったと。
その節は、ご迷惑をおかけしました。雑誌の人にも、内山田洋さんにも。

TOBI ―― ともあれ、このようにして、TOBIさんの「ひどい目」人生の幕が切って落とされたんですね。
はい。

TOBI ―― ここで、これまでの「ひどい目」を時系列に並べてみましょう。まず、M社長の夜逃げのあと、激しい倒産スパイラルの真っ只中に、北海道の牧場であたたかい牛のフンを全身に浴びる。
はい。

TOBI ―― 練馬の古本屋さんではたらいていたら、4億円を盗んだ大泥棒が知らぬ間にアパートに住みついていた。

TOBI **ええ。**

―― そして、すべてがイヤになり、人生のリセットボタンを押すつもりでパリへと旅立ったら、銀行強盗に拳銃2丁をつきつけられて、地下鉄でカツアゲに遭った挙句、ギャング団どうしの抗争に巻き込まれテレビの緊急ニュースに映った。

TOBI **そうです。**

―― 亡命ロシア人から借りた部屋からは盗聴器が出てきたり、上の階の汚水が部屋中に溢れ出して、生ける屍と化したり。

TOBI **そんなこともありましたね。**

―― で、そうこうするうちに、渡仏前に練馬で捨てたはずの「衣装」が船便でパリに届いて……。

TOBI **レ・ロマネスクが、誕生したんです。**

―― そして、その後も豪華クルーザーで大西洋を漂流するなど、ある意味「順調」に。

TOBI **はい。**

―― そう思うと……M社長の夜逃げ、トレジャー・アイランドの倒産には、やっぱり感謝すべきなのかもしれませんね。ぼくが言うことでもないですけど。

TOBI **でも、そうだと思います。**

――M社長が夜逃げせず踏ん張って、トレジャー・アイランドを立て直していたら、まだ勤務している可能性ありますよね。

TOBI 元来、気弱な性分ですからね。その可能性は、大いにあると思います。ねえ。

TOBI あのまま、トレジャー・アイランドではたらき続けていたら、キャリアを重ねることに縛られて、きっと自由を失っていたことでしょう。でも、ぼくの場合は、幸運なことに、たびかさなる「倒産」によって、30歳になっても何のキャリアも重ねていなかったんです。身ひとつ、だったんですよ。

――なるほど……。

TOBI そのことが、ぼくの「ひどい目」人生の原因になったのは、たしかです。でも、そのことこそが、いまの自分、つまり「レ・ロマネスクのＴＯＢＩ」をつくっているとも思うんです。

――ＴＯＢＩは「ひどい目」から、生ま

れた。

TOBI

そうです。「ひどい目」は、ぼくの一部。ぼくは「ひどい目」で、できてるんです。

（おわり）

終章

人生は川を流れるコルクのようなもの。
…ピエール・バルーとの出会い、「ひどい目」との別れ…

愉快な共同生活の、はじまり。

——これまで、幾多の「ひどい目」に見舞われながら、そのたび不死鳥のように、ゾンビのように、妖怪・濡れた砂場の砂男のように蘇ってきたＴＯＢＩさんですが……。

TOBI はい。

――いつしか見舞われなくなっていたんですよね。「ひどい目」に。

TOBI ええ。

――いったい、どうしたんですか。あれだけ次から次へと見舞われてきた「ひどい目」じゃないですか。

TOBI そのことについてお話しするために、少しばかりのまわり道をおゆるしください。まず、「**たまよ**」という源氏名の、元・浅草ロック座の踊り子がいるんです。ふるい知り合いに。

――たまよ。踊り子。ロック座の。

TOBI その踊り子たまよが、フランスへ遊びに来たんです。そのときに「わたし、明日、あのピエール・バルーの田舎の別荘でセクシーショーを披露することになったのよ」って。

――おお、ピエール・バルー。ダバダバダ、ダバダバダの歌で有名な。

TOBI そう、カンヌでグランプリを獲った映画『男と女』に出演している俳優でもあります。当時のぼくらは、もちろん、そんな世界的な有名人と知り合いじゃなかったんですけど、いっしょに行こうって誘われたんです。

――たまよさんに？

TOBI　そこは、戦争中にピエール・バルーが戦火を逃れて疎開していた思い出の場所でした。パリから400キロも離れていたんですが、ちょうどスケジュールも空いていたので行ったんです。そのときに「万が一、何かあるといけないから、**あなたたちも『衣装』を持ってきなさいよ**」と。

――たまよさんが？　いったい、どんな「万が一」が起こるとでも？

TOBI　そう思うでしょう。でも、起こったんです。その「万が一」が。え。

TOBI　たまよが首を寝違え、首が1ミリも曲がらなくなってしまい、セクシーな動きができなくなってしまったんです。ロボットダンスみたいなものしか。

――なんと。

TOBI　そこで、急遽ぼくらに「お鉢」が回ってきたんです。哀れなたまよの代わりに、レ・ロマネスクがライブをやることになりました。予言じみたたまよのアドバイスによって「衣装」を持ち合わせていたものですから。

――ですよね。

TOBI　敷地内の特設ステージで、役者やミュージシャンたちが音楽劇やセッションを披露したあと、全員が一堂に会するアフターパーティで、パフォーマンスすることになりました。屋根裏部屋からパーティルームに降りるハシゴを、ハンドマイクで歌いながら、内心こわごわ降りていきました。緊張ではありません。たまよのショーのキャンセルがアナウンスされていなかったため、ぼくらが出ていったら怒られるんじゃないかとビクビクしていたのです。

――そんな逆境で、何を……ご披露なさったんですか。

TOBI 今でもライブでやっている「愛の無人島」や「マドモアゼル」など、いくつかのナンバーを。

――ウケは……。

TOBI 大ウケでした。派手なメイクやカツラや衣装や珍妙な楽曲はともかく、楽器を持たずポンポンを振るだけの人物がいるところも新鮮だったようです。ピエールなんて、えらくビックリした顔で「**何だ、誰なんだ、君たちは！**」って。

――それで、気に入られちゃって？

TOBI パリに戻ったら、すぐに連絡がありました。ほどなく、ピエールのコンサートにゲスト出演したりする仲になりました。そしてそのうちに君たちふたり、わたしといっしょに住まないか、と。

――ピエール・バルーさんは、自分の見込んだ新進アーティストを支援する、場合によっては自宅の部屋まで提供することで有名だったそうですね。

TOBI 君たちのように才能ある者が家賃を払うのに汲々としていてはいけない、そんな時間があるなら制作活動に注力すべきだ……と言って。

── なるほど。でも、そんなに広いお屋敷なんですか。

TOBI 広さはそれほどでもないんですが、パリ中心部に建つ三階建ての一軒家、庭付きの5LDKでした。ぼくは、これまでの人生で「住居運」があまり良くないとうすうす感じていたので、その話に飛びついたんです。もっとも、ぼくらが「入居」したときには、他に「人間」は誰もいませんでしたが。

── 人間?

TOBI ちょうどそのときは、食い詰めた貧乏アーティストもいませんでした。日本の音楽家と交流するうちに知り合ったという日本人の奥さんは家族の介護で帰国しており、お子さんはフランスの地方の全寮制の高校に通っていました。ピエールの前妻のお子さんも、パリから田舎へ引っ越したところだったし。

── なるほど。じゃあ、ピエールさんと3人暮らし。

TOBI いいえ。一緒にピエール家に引っ越してきたのが、田舎のニワトリ小屋で生まれた**ミトちゃん**って野良猫。ミトというのは、フランス語で「虚言癖」という意味です。虚言癖ちゃん。

――TOBI&MIYA&ミト。トリオ感ありますね。つまり、人間はいなかったけどネコがいた。

TOBI ピエールは、TOBIとMIYAとミトに、それぞれ個室をあてがってくれました。そして、ぼくが「TOBIは、ここね」と言われた部屋に入っていくと、**みごとなハトの巣が鎮座**していたんです。窓は全開でした。子育てがひと段落したらしく、子鳩たちが巣立ったあとのようでした。つまり、ぼくの前の住人は、ハトだったんです。

――TOBI&MIYA&ミト&ハト。つまり、人間はいなかったけど、ネコとハトがいた……。いったいどんな毎日だったんですか。

TOBI ピエールとはいつも一緒にいたわけじゃなく、付かず離れずという感じでした。家のなかで会えば話す、というかな。「いま、どんな音楽やってるんだ」「こんなの」みたいな。

――楽しそう。

TOBI 「いま、どんなカツラかぶってるんだ」「こんなの」みたいな。

ハトのフンにまみれたオスカー像。

こうして、TOBI&MIYA&ミト&ハト&ピエール・バルーの共同生活がスタートした、というわけですね。

TOBI ひとつ、不思議なことがあって。

ええ。

TOBI 一緒に暮らしはじめてしばらくしてから気付いたんですけど、ピエールは「ごはんを食べている姿」を決して他人に見せなかったんです。

え、へえ……。同居人のTOBIさんにも？

TOBI ぼくらだけでなく、ご家族にも。ミトにも。ハトにも。

TOBI そう。決して。

――なぜ、そこまでかたくなに？

TOBI わかりません。理由を聞いたことはありません。みんなで食事に行っても、ちょっとつまむくらいで、基本的にはぼくらが食べているようすをうれしそうに眺めているだけでした。

――おなか、空かないんですかね。いや、空きますよね。

TOBI だから、こっそり食べるんです、夜中に。誰にも見られないように、こっそりと。でも、MIYAシェフが「ごはんできたよ」って言っても、絶対に「要らない」と言うんです。

――で、夜中に食べるんですか？

TOBI そう。それも、お皿に載せて「さあ、召し上がれ」という雰囲気を醸し出していると、絶対に食べない。フライパンにポイと残しておくと、食べる。

――なんか、かわいいですね。そういう習性の動物みたいで。でも、どういう心理なんだろう。

TOBI 何かを食べている姿を卑しいと思っていたのか、戦争のときの貧しい体験に根ざしていたのか……そのあたりは、わかりません。ともあれ、MIYAさんが少し多めにつくってキッチンに置いておくと、いつのまにか、なくなっているんです。

――ふぅん。

TOBI そんなふうにして暮らしていたんですが、うれしかったのは、雑誌やテレビの取材が来ると、かならず「**いま、ピンク色のおもしろい日本人ふたり組と暮らしているんだ**」と紹介してくれたことです。これは、フランスで活動していくにあたって、すごく助かりました。ピエール・バルーのお墨付きがあると、パリ五月革命の記念イベントやパリ市主催のフェスティバルなど、アカデミックなお仕事が決まるんです。

――フランスで「ピエール・バルーのイチ推しアーティスト」ともなれば、そうですよね。

TOBI ピエールが主宰する音楽レーベル「サラヴァ」の40周年コンサートにも出演させてもらいました。彼らのファンにしてみたら、レ・ロマネスクなんて異端の中の異端。実際、お客さん全員キョトーンとしてたんですけど、ま、お客さんキョトーンはいまだにあるけど、ピエール、そのようすを見てクスクス笑ってました。

――わかります、その感じ。一度だけインタビューさせていただいたことがある

絶体絶命のピンチを

のですが、やさしくてジェントルなんだけど、どこか「いたずらボーイ」みたいな雰囲気があったから。

TOBI お客さんをびっくりさせることが大好きで、おかしなアーティストだけでなく家にハトまで住まわせていて、偉ぶってる人間や権威的なものが大嫌いで……。リビングには、ハトのフンにまみれたアカデミー賞のオスカー像が転がっていました。

―― ぼくらの取材のとき、同行した女性カメラマンが、撮影後にピエールさんに手の甲にキスされて、目を白黒させてました。

TOBI そういう人なんです。

―― たった2時間の取材だったのに、最後「パリに来ることがあったら、ここにおいで」って、ご自宅の住所と電話番号を書いてくださいました。

TOBI そういう人なんです。

救ってくれた人。

──そんなピエールさんに、TOBIさんは絶体絶命のピンチを救ってもらったことがあるそうですね。

TOBI　そうです。フランスでの滞在許可証の更新の手続きがこじれて、移民局から謂れなき国外退去命令が下され、危うく強制送還させられそうになったんです。

──それは、どえらいピンチです。

TOBI　政府の方針で移民の受け入れを厳しくしていた時期で、許可証更新の申請を出しても難癖をつけられ続けて……ついに「国外退去を命じる」という紙が送られてきたんです。あの極寒のアパルトマンに。

──あんな寒いところに、そんなひどい知らせが……。

TOBI　そして、退去命令の撤回を求めて裁判を起こしている時期に、ピエールと知り合ったんです。

──じゃ、例の田舎の別荘でライブをやったのは、そんなお辛い時期だったんですか。

TOBI 正確には、別荘ライブの直後にそういう状況に陥りました。パリに戻ってピエールといろいろやりとりするうちに、ぼくらの状況も変わっていき、そのようすも、逐一ピエールに伝わっていったんです。

―― なるほど。ええ。

TOBI そして、見かねたピエールが「ぼくが何とかしよう」と言ってくれました。

―― 何とか？

TOBI **当時のシラク大統領と居住区パリ5区の区長に手紙を書いてくれたんです。**

―― わあ。すごい！

TOBI 手紙には「これほど才能あるアーティストを追放してしまうことは、フランスにとって大きな損失である」と書いてありました。

―― たった一度のライブしか見ていないのに。

TOBI ミュージシャンである娘のマイア・バルーさんが、警視庁にも裁判所にも弁護士のところにも付き添ってくれました。「父であるピエール・バルーがこう言っています、手紙は本物です」って。すると、パリ5区の区長チベリ氏から返事が来たんです。もともとパリ市長だった彼は、ピエール・バルーと旧知の仲だったらしく、「あなたがそこまで見込んだ人物が国外退去させられたら、わたしも残念だ。すぐに警視庁の担当者に連絡します」と。

TOBI ——おお。はたして、滞在許可証は……。

すみやかに発行されました。といっても、さらに7カ月かかりましたが。その間に、ピエールとのシェアハウス生活もスタートしていました。

TOBI ——それは、本当に「恩人」ですね。結局、どれくらい一緒に暮らしていたんですか。

足かけ5年近くになります。

TOBI ——え、そんなに長く？　せいぜい1年くらいかなと思ってました。でも、それだけ長いと、逆にどういうタイミングで家を出たんですか。

2011年の夏にフジロックに出演したんです。ご存知のように、ちょうど震災の年だったこともあって、自分の今後の人生についていろいろ考えた結果、活動拠点を日本に移そうと思ったんです。

TOBI ——生まれ故郷に帰ります、と。それを聞いたピエールさんは？

「あ、そう。じゃ、またね」って。**ハトと同じ感じ**でした。

去りゆくTOBI、飛び去るハト。

TOBI ただ、帰国したらしたで、今度はピエールの奥さんの自宅に居候させてもらったり、ちょくちょく会っていたので……まさか、こんな早くに亡くなるとは思ってもいませんでした。

――2016年の暮れ、でしたよね。

TOBI あの年は、ちょうど「サラヴァ」50周年のメモリアル・イヤーだったんです。12月にパリで記念コンサートを開催し、フランスのテレビのドキュメンタリー番組に出演し、すべてのインタビュー取材をこなして……ピエールは死んじゃった。

――はい。

TOBI 救急車で運ばれながら、フランソワーズ・アルディに提供してヒットし、自らも歌った『水の中の環』を歌っていたそうです。

――そんな状態で、歌を？

TOBI 若い救急隊員がピエールのことを知らなかったようで、「ぼくは歌手です」と教えてあげたんだそうです。そして「人生はめぐっていくけど、大事なものは変わらない」という内容の『水の中の環』を歌いながら……。

あなたは人生を始めた　小川のほとりで
あなたは生きてた　葦の茂みを抜けてくる水の音や
水車小屋の羽根の音を聞いて
あなたは遊んでた　水に輪を作って

今あなたはもっと騒々しい水の中でさまよってる
皆が英雄のようにあなたを愛するよう望んでいる
でも誰も知らない　あなたが水に輪を作るって

あなたの村は昔のまま残っている
あなたが水の輪を作るため
あなたが水の輪を作るため

（ピエール・バルー／『水の中の環』より／ＴＯＢＩ訳）

――ピエールさん……。

ＴＯＢＩ　ぼくがピエールとはじめて出会った別荘には、小川が流れ、水車小屋があり

ました。つまり、この歌の「あなた」は、疎開していた少年時代のピエール
そのものなんです。

——ピエールさん、最後まで「ピエール・バルー」だったんですね。

TOBI そう。歌いながら、死んでいったんです。

人生は川を流れるコルクのようなもの。

——TOBIさんがピエールさんから学んだことって、いろいろあると思います。
そのなかで、いちばん大きなものは何ですか。

TOBI **人生は川を流れるコルクのようなもの、**という考え方かな。

——川を流れる……コルク？

TOBI つまり「人生というものは、激流にもみくちゃにされることもあれば、淀みにとどまって前に進まないこともある。でも最後は、誰しも大きな海にたどり着く。結局、同じことなんだよ」って、いつも言ってたんです。

――生き急ぐ人も、のんびり行く人も、階段を何段か飛ばしで登る人も、同じところをくるくる回って進まない人も。

TOBI そう、みーんな同じ。ぼくだって君だって、最後は大きな海に出るんだ、結局みんな同じなんだよ……って。名刺に「旅人」と書いていたピエールの、ひとつの人生哲学だったんだと思います。ぼくは、その考えに、いちばん影響を受けたと思います。

――TOBIさんを見ていると、なんとなくわかります。

TOBI そして……いつしか「ひどい目」にも遭わなくなっていたんです。ピエールと出会ってから、ぱったりと。

――「ピエール・バルーとの出会い」は、「ひどい目との別れ」だったんですね。

TOBI ピエールと出会い、一緒に住まわせてもらうようになってからは、家賃のやりくりに追われることもなくなって、いろんな挑戦をすることができました。たとえそれ自体はお金にならなくても、よい人とつながれるプロジェクトに積極的に参加することができたりね。そして、２００８年に出たパリコレをきっかけに、ヨーロッパやアメリカをはじめ世界でライブをして回るようになって……。

――ええ。

TOBI ２００９年の年末には、例の『信じられない才能』に出演しました。会場は賛否両論だったけど。

――でも、おかげで「パリでいちばん有名な日本人」と呼ばれるようになって。一夜にして。

TOBI ピエールのおかげで、それまでに経験した「ひどい目」も、おもしろがれるようになったとも思います。

――そうですか。気持ち的にね。

TOBI だって、そりゃあ「ひどい目」にも遭いますよ。人生がコルクだと思えば。

――ネズミにかじられたりとかね。

TOBI そうそう。ぼくの場合は、ワインのコルクというより日本酒の一升瓶の栓かもしれないけど。

――それは、セーヌ川には流れてなさそうです（笑）。

TOBI でも、ピエールに言わせれば、コルクにしろ、一升瓶の栓にしろ、みんな同じなんですよね。大きな海に出るまで、流れるように、流されるように、それぞれの人生航路を行くという意味では。

―― 流れに身を任せよう、いいことも悪いこともあるさ……と考えられるようになったことが、間接的に「ひどい目」を遠ざけたと言えるかもしれませんね。

TOBI 衣装をピンク色に統一したのも、思えば、彼のおかげだし。

―― そうなんですか。

TOBI それまではピンク以外にも、いろんな色の衣装を着てたんです。青とか黄色とかグリーンとか。

―― ある意味、軸がブレブレだったんですね。

TOBI でも、あのとき……はじめてピエールの別荘でライブをやらせてもらったとき、ぼくらは、たまたまピンクの衣装に身を包んでいました。そんなぼくらを、ピエールは、大絶賛してくれたんです。そして、メディアの取材が来るたびに「ほら、日本人のピンク色のおもしろいふたり組と暮らしているんだよ」って。

―― つまり「ピンク色の人生」を、導いてくれた。

TOBI それが、ピエール・バルーという人でした。

――「自分の得た喜びだけを灯りにして進んでいけば、道に迷うことはない。それが君の人生の唯一の道しるべだから」というピエールさんの言葉が、とても好きです。

TOBI だから、ぼくらの「道しるべ」でもあったんですよ。

――ピエール・バルーという人は。

TOBI それまでの「ひどい目」の連鎖から脱出させてくれた人であり、それまでの「ひどい目」を、否定するんじゃなく、こうして笑い飛ばせるようにしてくれた人でもあると思うんです。

――ピエール・バルーという人は。

TOBI はい。

（終わります）

この本を手にとってくださったみなさんへ。

小5のとき、父が運動会に女装して来た。

次に参加する団体競技が始まるのを友だちと待ってたら急にあたりが騒がしくなり、見ると、先生や保護者や児童たちの視線の先に父がいた。水色のテラテラした素材のドレスにロングヘアーのかつらをかぶって雑なメイクをして、ゆっくりと歩いてこっちに向かって来た。みんなはひとしきり驚いたり笑ったり歓声を上げたりしたあと、一斉にこっちを見た。「息子はどんな顔して見てるだろう」と、興味津々な目で。そのときに初めて、他人の「目」というものを意識したと思う。

ぼくはその「目」に耐え切れずその場を逃げ出した。その「父のような人」はすぐ追いかけて来た。校庭の端で捕まり、抱きしめられた。酒臭かった。胸に入れられた風船が柔らかかった。

ぼくは固く誓った。この目の前にいる人間（＝父）のような、メイクをしたりかつらをかぶったり派手な衣装を着ることで他人から注目されるような、そういう人間にだけは絶対にならない!!

……ってね。

それからは、それなりに勉強して、それなりの進学校に進み、それなりの大学に進み、それなりに就職して、そのあといろいろあって（この本に書いてあったとおり）、気づくと父に近づいていた。というか、父の変装のレベルなんてとっくに超えていた。

あのとき父がなぜそんなことをしたのか結局よくわからないけど、人生は予想のつかない出来事ばかりだし、人はわけのわからない言動を起こしてばかりというのは理解できる。「なんでそんなことするの」と聞かれても「ぼくにもわからない」と答えるしかない。その瞬間瞬間に「理由」なんてない。

この本でお話ししてきたのは、すべて、実際にぼくの身に起こったことである。たとえば戦争とか天災とかそういう「ひどい目」に比べれば、吹けば飛ぶような、ぜんぶ笑って振り返ることのできる程度の「ひどい目」だ。それを話したら、「勇気付けられました」「泣けました」とかなんだか褒めていただけて、こうして本にもなるのだから、ぼくはつくづく運がいい。

あんなに他人の「目」が気になって仕方がなかったぼくも、いろいろな「目」にさらされるうちに度胸がついた。みなさんに好奇な「目」で読んでいただけたならば、うれしいです。

TOBI（レ・ロマネスク）